SHODENSHA
SHINSHO

はじめて読む人のローマ史1200年

本村凌二

JN283584

祥伝社新書

はじめに——ローマ史から何を学ぶか

イタリア半島に誕生した小さな都市国家が半島全域を征服し、地中海全域を征服し、巨大な帝国となり、平和を確立する——。かつての大国・ソ連でさえ、その国威《こくい》を保つことができたのはわずか七〇年ですが、「パクス・ロマーナ（ローマの平和）」と呼ばれるローマの繁栄は二〇〇年（紀元前二七～一八〇年）にも及びます。

「パクス・ロマーナ［Pax Romana］」の言葉を最初に使ったのは、十八世紀のイギリスの歴史家エドワード・ギボンです。ギボンは、著書『ローマ帝国衰亡史』のなかで、二世紀の五賢帝《ごけんてい》の時代（八五年間）を「パクス［Pax］」というローマ神話に登場する平和と秩序の女神になぞらえて、こう表現したのです。そして、人類史を振り返り、少なくともギボンが生きた十八世紀の段階では、この時代がもっとも豊かで至福の時代だった、と判断したのです。

実際、五賢帝の時代のローマの自由民《じゆうみん》の所得は、十八世紀までのどの国のものと比べても高かったと言われています。十八世紀までの人類史のなかで、二世紀の所得がもっとも高かったということは、人類がローマで絶頂を極《きわ》めた豊かさを取り戻すためには、産業革命を待たなければならなかったということになります。

人類は古代からすこしずつ豊かになり、中世にすこし落ち込んだが、全体としては右肩上がりに上昇してきた——と思われるかもしれませんが、そうではないのです。人類は一度、古代ローマで豊かさのピークを経験し、その後、その水準に戻すまでに千数百年もの歳月を要《よう》したのです。

そう考えると、人類の文明のサイクルは一度ローマの終焉《しゅうえん》と共に終わり、そこから新たなサイクルが始まっているとも言えます。

数ある文明のなかで、起承転結《きしょうてんけつ》をこれほど完璧に見せてくれる歴史はローマのほかにはありません。私たちは、ローマの歴史から、自分たちの進むべき道を考えるヒントを得ることが必要です。

たとえば、ローマによるカルタゴの滅亡を見る時、私たちは、カルタゴという軍事力を持たない経済大国に、バブル期の日本の姿を重ね合わすことができるでしょう。

森本哲郎《もりもとてつろう》さんは一九八九年、この視点から『ある通商国家の興亡——カルタゴの遺書』

を書き、「カルタゴは日本、ローマはアメリカ、そしてギリシアがヨーロッパなのだ」と述べています。確かに、ギリシアは歴史と文化を持つヨーロッパに、ローマは軍事力と経済力に勝《まさ》る大国アメリカに、カルタゴはバブル絶頂期に経済大国を誇った日本に、よく似ています。

ローマに滅《ほろ》ぼされる前のカルタゴは、第二次ポエニ戦争でローマに敗れ、軍事力を奪われていました。日本も第二次世界大戦に敗れ、自衛隊はありますが、戦争を放棄しているという意味では、まさにカルタゴと同じです。

また、ローマにおいて、アウグストゥスが初代皇帝になってから、ローマ初の異民族皇帝セプティミウス・セウェルスが現われるまでの期間は二二〇年ですが、アメリカの初代大統領ジョージ・ワシントンの就任から、初のアフリカ系大統領バラク・オバマの登場までも同じ二二〇年です。

セウェルス朝を創始したセプティミウス・セウェルスは、ローマのアフリカ属州レプティス・マグナ（現・リビア）出身のセム系です。それまでのローマ皇帝は、みなインド・ヨーロピアン系ですから、ローマ貴族からすれば、彼は明らかな異民族の皇帝でした。

いっぽう、バラク・オバマもハワイ州出身のアフリカ系です。彼はアフリカ系としてはもちろん、ハワイ出身者としてもはじめての大統領です。アメリカでは長い間、国家中枢《ちゅうすう》を占《し》めたのは「WASP《ワスプ》（ホワイト・アングロサクソン・プロテスタント）」と言われる人々でした。彼らとは異なるという意味では、ジョン・F・ケネディ大統領もカトリックゆえ、この〝縛《しば》り〟から外《はず》れた大統領ですが、それでもケネディは白人です。オバマの場合はアフリカ系黒人なので、明らかに人種が異なります。

ローマの歴史はそれだけで十分におもしろいのですが、このように現代に置き換えたり、比べたりすれば、似ているところもあり、ローマの歴史が単なる過去の物語ではないことに気づかされます。

これまでも、人類はローマからさまざまなことを学んできました。

よく、アメリカの覇権《はけん》はローマ帝国のそれと似ていると言われますが、もともとは大英帝国を築いたイギリス人が、ローマに帝国運営を学んでいたのです。アメリカはイギリスを通して、それを学び、現在見られるような覇権を構築したのです。また、ローマの文化に学んだフランスは、豪華な宮廷料理を作り出すと共に、パリを世界に冠《かん》たる芸術の都《みやこ》にしています。

故・丸山眞男《まるやままさお》先生は「ローマの歴史のなかには、人類の経験すべてが詰まっている」と語っておられましたが、そこから何を学ぶかで、その国の姿は違ったものになります。もちろん、そこに詰まっているのは〝お手本〟ばかりではありません。しかし、それゆえ、われわれが学ぶべきことはまだまだたくさんあるのです。

一時期、社会主義対資本主義という、いわゆるイデオロギー対立が言われました。しかし、社会主義の大国・ソ連が倒れたことで語られなくなり、人々が目を向けるようになったのは「文明の衝突」でした。

文明の衝突は、ひとつにはイスラム教とキリスト教のことを指《さ》しますが、それだけではなく、大きな視野から、文明のモデルを歴史の流れを通して考えようという動きにつながります。こうしたなかで、文明のモデルを典型的に見ることができるローマ史を学ぶ意味は大きいのです。

塩野七生《しおのななみ》さんの『ローマ人の物語』が多くの人に読まれているのも、日本人が「これまでの欧米に追いつけ追い越せではなく、これからは文明のレベルという視点から、日本社会を考えなければいけない」と気づき、それにはローマ史が参考になると感じているからではないでしょうか。

ローマの歴史は一二〇〇年にも及び、その全貌《ぜんぼう》を新書一冊で語ろうとすることは無謀な試《こころ》みかもしれません。そこで、本書ではローマ史の起承転結に即《そく》してテーマを絞《しぼ》り、七つの「なぜ」に答える形で、膨大《ぼうだい》な歴史をひとつの大きな流れとして見ていきます。

今の日本をローマの歴史に当てはめれば、どのあたりに位置するのか——このように考えながらお読みいただければ、「学ぶべきもの」も見えてくるのではないでしょうか。

二〇一四年五月

本村《もとむら》 凌二《りょうじ》

目次

ローマ史を読み解くキーワード

起——建国から、カルタゴの滅亡まで（紀元前七五三〜同一四六年）

(1) なぜ、ローマ人は共和政を選んだのか？

(2) なぜ、ローマ軍は強かったのか？

承——内乱の一世紀から、ネロ帝の自害まで（紀元前一四六～六八年）

(3) なぜ、ローマは大帝国になったのか？

(4) なぜ、ローマ市民以外に市民権を与えたのか？

転——五賢帝《ごけんてい》から、セウェルス朝の終焉《しゅうえん》まで（六八～二三五年）

(5) なぜ、皇帝はパンとサーカスを与えたのか？

(6) なぜ、キリスト教は弾圧されたのか？

結——軍人皇帝から、西ローマ帝国の滅亡まで（二三五～四七六年）

(7) なぜ、ローマは滅亡したのか？

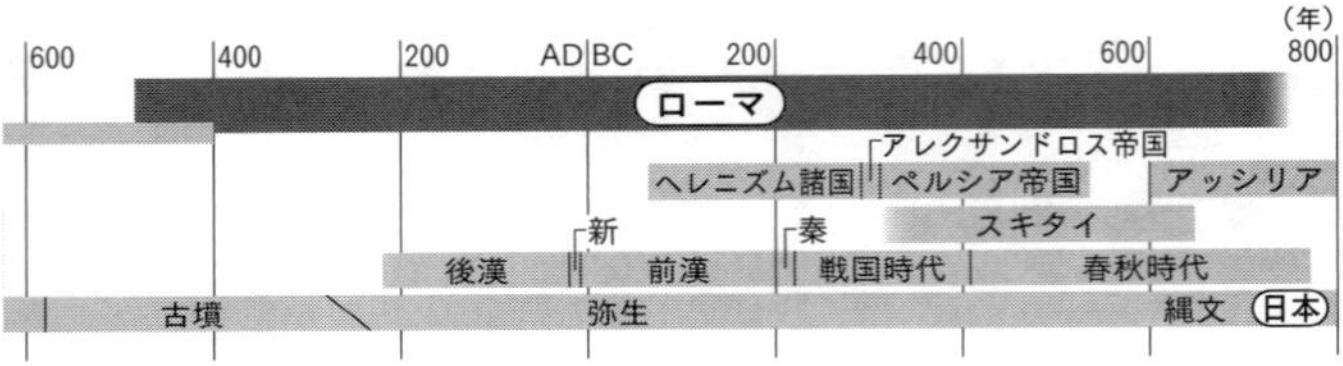
(年)
600
400
200
AD
BC
200
400
600
800
ローマ
アレクサンドロス帝国
ヘレニズム諸国
ペルシア帝国
アッシリア
スキタイ
新
秦
後漢
前漢
戦国時代
春秋時代
古墳
弥生
縄文
日本

ローマ帝国の最大版図(117年、トラヤヌス帝)
古代の地域名
ローマの主な史蹟が残る都市
※地形、国境線、都市名は現在のもの
ダキア
黒　海
イスタンブール
イズミット
イズニック
ベルガマ
イズミル
ミレトゥス
小アジア
アルメニア
カスピ海
コリントス
アテネ
スパルタ
アンティオキア
パルミラ
メソポタミア
バールベック
地　中　海
エルサレム
アレクサンドリア
紅海

図表1　国家の興亡

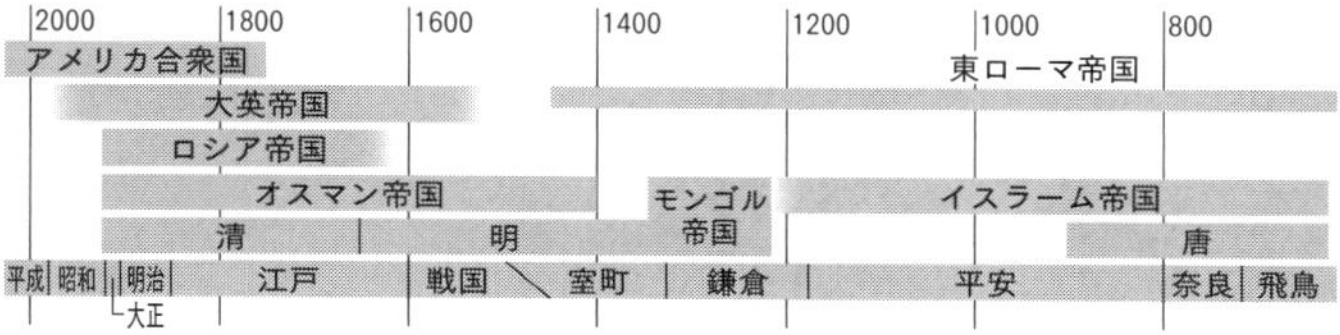

図表2　ローマ帝国の最大版図《はんと》

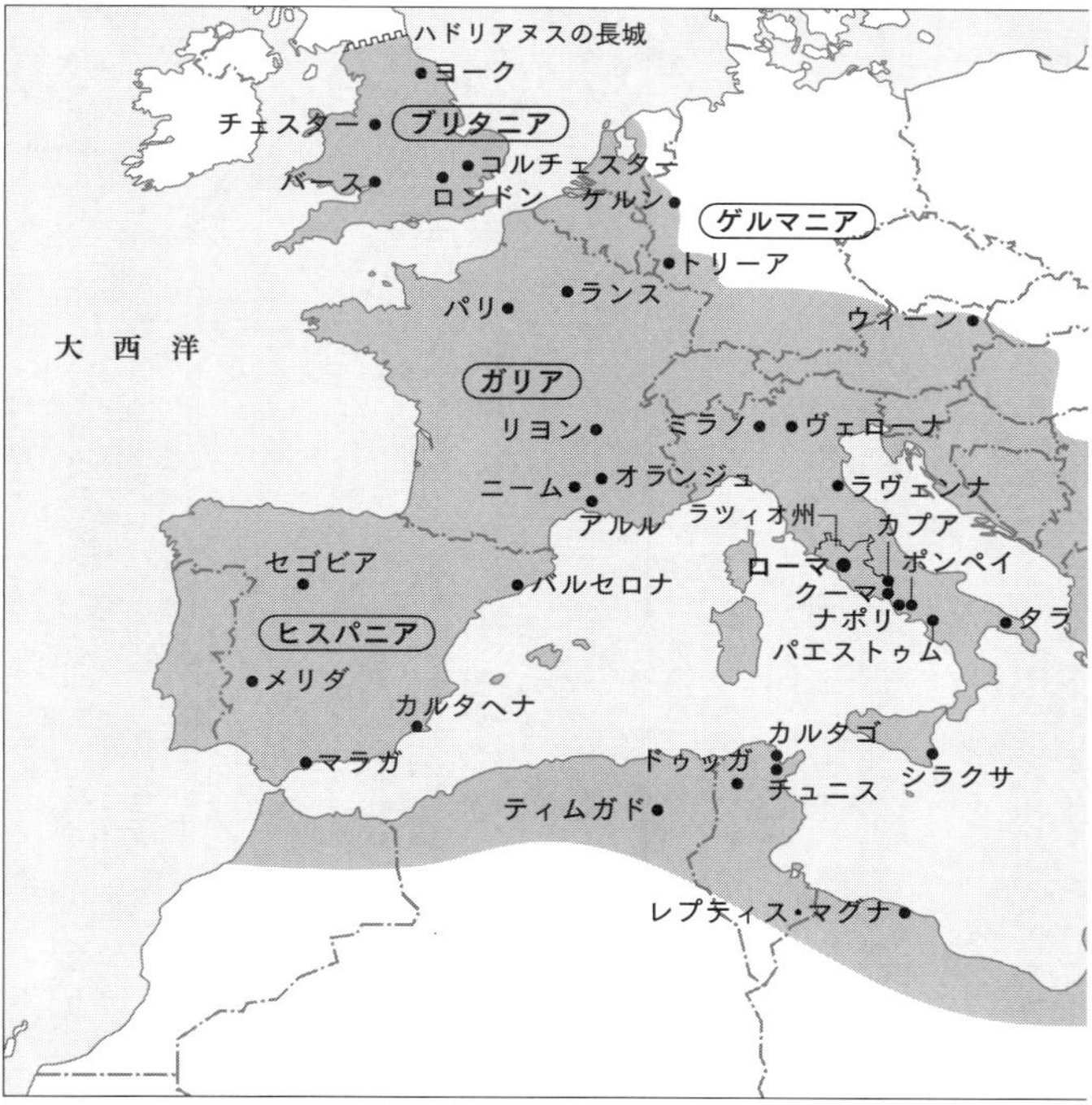

ローマ史を読み解くキーワード

ローマの歴史を見ていく前に、まず五つの用語を挙《あ》げました。いずれも、ローマ人の思想や感性、その背景にあるもの、また、彼らが作った国家の特徴を読み解く鍵《かぎ》となるものです。

●S・P・Q・R

今のローマの街を歩くと、タクシーのドア、建物の壁からマンホールの蓋《ふた》（写真1）まで、至るところで「S・P・Q・R」という文字を目にします。

二〇〇〇年に公開され、日本でも人気を博《はく》した映画『グラディエーター』で、主人公マキシマスの腕に入れられていた入れ墨《いれずみ》も「S・P・Q・R」でした。映画では、彼がこの入れ墨を消すシーンがありますが、日本人の多くはこの文字の意味を知らないので、あのシーンに込められた意味が十分には理解できなかったのではないでしょうか。

「S・P・Q・R」とは「Senatus Populusque Romanus（セナトゥス・ポピュルスクェ・ローマーヌス）」の頭文字を取った略称で、直訳すれば「ローマの元老院《げんろういん》と国民」です。これは、古代ローマにおける国の主権者を意味しています。

写真1　マンホールに書かれた「S・P・Q・R」

イタリア人にとって、ローマ帝国＝S・P・Q・Rは今も誇りである。ローマ市内にて、著者写《うつ》す

「Senatus（元老院）」と「Populusque（国民）」は並立に扱われていますが、両者が異なる呼び方で区別され、しかも元老院が先にあるということは、ローマでは市民は基本的に平等ではあるが、実際には元老院主導である、ことを表わしています。

この言葉は、ローマの身分制秩序と、あくまでもローマのリーダーシップは元老院が握っていることを象徴していると言ってよいでしょう。

当初、国の主権者を意味したこの言葉は共和政になると、ローマ市民であることの栄光と誇りを象徴する言葉として使われるようになります。そのため、現在の「Ladies and gentlemen（紳士《しんし》淑女《しゅくじょ》のみなさん）」のように、演説の冒頭などで人々に呼びかける時にも使われるようになっていきます。

共和政期に広まったこうした意識は、帝政に移行しても、変わらずローマの栄光と誇りを象徴する言葉として受け継がれ、ローマ軍の軍旗はもちろん、帝国内のありとあらゆる公共物に、この文字が刻《きざ》まれました。

帝政期のローマは、「皇帝」という絶対君主によって独裁が行なわれていたというイメージがあるかもしれませんが、実は帝政期になっても、ローマは基本的に共和政という建前を守っていました。ですから、皇帝が実質的に力を持っていても、正式な皇帝になるには元老院で認められることが必要でした。軍人皇帝の時代になると、元老院が正式に認可していない皇帝も多数現われますが、彼らは正式な皇帝とは認められていません。

そして、どんなに皇帝が絶対的な権力を誇った時代でも、「S・P・Q・R」に「皇帝（インペラトル）」を意味する「I」が入ることもありませんでした。

「ローマはあくまでも元老院主導の国家である」という身分制秩序は、長いローマ史の特徴のひとつです。少なくとも、ギリシアなどのポリス（都市国家）では、市民をこのように区別していません。ギリシアは、実際には貴族階級などさまざまな区別はあるのですが、建前上はみんな平等ということになっています。それに対しローマは、きちんと身分の区別を打ち出しています。

身分を区別しているだけに、ローマの元老院階級（貴族）は誇り高く、高潔な使命感と勇気を持っていました。そして民衆は、元老院階級の人々に対して、ある種の尊敬の念を抱《いだ》いていました。

もちろん、両者の間には対立もありました。それでも、国民のすべてが「S・P・Q・R」という言葉に、ローマの栄光と誇りを感じていたということは、両者の間に対立だけではなく、おたがいへの信頼があった証《あかし》でもあります。

ローマ人は「祖国」を発明した人々である、と言われますが、この「S・P・Q・R」という言葉が、階級相互の信頼につながり、祖国という共通の意識を生み出す素地となったのかもしれません。実際、「S・P・Q・R」は「ローマ」とほぼ同じ意味で使われています。

ですから、『グラディエーター』でマキシマスがS・P・Q・Rの入れ墨を消すシーンには、自分がローマ正規軍団の兵士だった痕跡《こんせき》を消すことでローマと決別する、という意味が込められていたのです。

現在でも、イタリア人はもちろん、ヨーロッパ人にとって、「S・P・Q・R」は、常識的なものとして理解されています。そのため、このような解説がなくても、彼らはあのシーンを見ただけで、その意味がわかるのです。「S・P・Q・R」という言葉は、ローマ帝国の滅亡後も、イタリアはもちろん、ヨーロッパの人々のなかで生き続けていると言えるでしょう。

現在、ローマの街で目にする「S・P・Q・R」の多くは、もちろんローマ時代のものではなく、ローマ市が意図的に行なっているものです。それだけ、イタリア人にとって「S・P・Q・R」は今も誇らしい言葉なのです。

●ローマ法

ローマで定められた法律――ローマ法は、「十二表法《じゅうにひょうほう》」と約一〇〇〇年後にそれが集大成された「ローマ法大全（ユスティニアヌス法典）」を指します。

ローマで初の成文法《せいぶんほう》「十二表法」が公布されたのは、紀元前四五〇年のこと。世界最古の法典「ウル・ナンム法典」ができたのが紀元前二一〇〇年頃、「目には目を、歯には歯を」で有名な「ハムラビ法典」ができたのが紀元前一七五〇年頃とされており、驚くほど古いというわけではありません。

その内容も、特別に変わったものがあるわけでもありません。それでも、ローマを語る上で「法」は欠くことのできないもののひとつです。なぜなら、ローマ人は「法」に対する意識が突出しているからです。

なにしろ、ローマ人は「十二表法」が公布されると、それを銅板に刻み、街の中心地に掲《かか》げただけでなく、その内容を子どもたちに暗記させたというのですから、その意識は並《なみ》大抵《たいてい》のものではありません。彼らにとって十二表法を暗記することは、同時にラテン語の教育にもなっていたため、まさにローマ人にとって教育の根幹をなすものだったのです。

この伝統は長く続き、十二表法の制定から四〇〇年後、共和政期の政治家キケロは著書『弁論家について』のなかで、次のように語っています。

「もし法の起源や拠《よ》りどころを知りたいなら、十二表法を書き記した小冊子ひとつが、権威においても、実用においても、すべての哲学者の蔵書を集めたものよりもまちがいなく勝《まさ》る、と私には思える」

哲学者でもあるキケロでさえ、十二表法は何十冊の哲学書を読むよりも、はるかに人間の生き方の基本的なことを教えている、と言っているのですから、ローマ人の法に対する意識がいかに強烈なものであったかということがわかります。

このようにしてローマ人が暗記し、活用してきたおかげで、原文が散逸《さんいつ》してしまった今でも、十二表法はその内容をほぼ完全に知ることができます。「十二表法」の第一表第一条は次のような条文から始まります。

「裁判に出頭を求められた者は出頭しなくてはならない。彼が出頭しない場合、彼を訴《うった》えた者は証人を呼ばなければならない。そうした手続きを踏んだのち、それでも出頭しなければ、訴えた者は彼を捕《と》らえることができる」

十二表法では、まだ憲法、民法などのきちんとした区別がなされていません。それでも、これは、現在の日本の民法、刑法に通じるものがあります。そして、そのルーツは、ローマ帝国が東西に分裂し、東ローマ帝国の皇帝ユスティニアヌスにより六世紀に成立した「ローマ法大全」にあるとされています。

ヨーロッパではローマ法が憲法、民法、さらには刑法、刑事訴訟法に分類されることで、近代の「フランス民法典（ナポレオン法典）」や「ドイツ民法典」が作られていったのです。日本の民法も、その基本的な部分には、ローマ法に通ずるものがたくさん含まれています。

ローマ法に憲法はありませんが、それはローマ法が慣習法（国家の制定ではなく、社会で慣行的に行なわれている不文法《ふぶんほう》）を積み重ねてきたものだからです。ちなみに、ローマに多くを学んだイギリスは慣習法なので、現在でも憲法がありません。

慣習法の最大の特徴は、判決がケースバイケースになるということです。そのため、ローマでは、当事者の事情や法学者の意見が重要視されました。たとえば、十二表法の第八表第一条に次のような条文があります。

「他人に対して障害が残るような怪我《けが》を負わせ、その人と和解していない場合、怪我を負わせた人に対する同じ程度の復讐《ふくしゅう》が許される」

加害内容と同程度の復讐が許されることを「同害報復《どうがいほうふく》」と言いますが、これはハムラビ法典で「目には目を、歯には歯を」と表現されたものです。しかし、この条文がハムラビ法典のそれと明らかに異なるのは、どんな場合でもやられたらやり返すのではなく、あくまでも「和解」が成立しなかった場合は同害報復とする、としていること。つまり、ローマ人は法を遵守《じゅんしゅ》しましたが、それ以上に「当事者どうしの和解」を優先させたのです。

ただし、これはあくまでも自由民（奴隷《どれい》以外の人々）どうしの場合です。加害者が自由民で被害者が奴隷の場合は、加害者の自由民が被害者奴隷の主人にお金を支払うことですみ、逆に奴隷が加害者の場合は厳しく、些細《ささい》なことでも加害者奴隷が殺されることもありました。

十二表法は、時代と共に新たな条文が加えられたり、内容が見直されたりと変化していきますが、基本的には古い条文も有効とされていました。そのため、さまざまな条文のなかで、個別の事例でどの条文を採用すべきかは、法学者の判断が大きく左右しました。最近決まった法律ではこうだが、一〇〇年前にはこのような法律があった。そして今までは、同ケースではこのような判断が下され、特に最近ではこうした傾向がある。今回の場合は、過去の判例と照らし合わせても、最近の傾向と照らし合わせても、このような判断が妥当《だとう》であろう――という議論を経て、判決が決まったということです。

法が錯綜《さくそう》するなか、どのような解釈をするべきか、法学者がさまざまな意見を出し合い、議論を戦わせて判決をつける学説集を「ディゲスタ［digesta］」と言いますが、ローマ法大全のなかには、膨大な量のディゲスタの記録が残っています。ちなみに、この「ディゲスタ」を語源としているのが現在、文章などの内容をわかりやすく要約することを意味する「ダイジェスト［digest］」という言葉です。

古代と言うと、どうしても力で支配した世界をイメージしがちです。実際、そうした古代国家は少なくありません。しかし、ローマでは「法」が遵守され、それ以上に「人」が尊重されていました。その意味では、ローマは非常に成熟した社会だったと言えるでしょう。

●父祖《ふそ》の遺風《いふう》

ローマ人は法律を重んじ、それ以上に人を重んじました。しかし、そんなローマ人が何よりも重んじたものがあります。それは「父祖の遺風（モス・マイオルム［mos maiorum］）」です。

父祖の遺風とは、ごく簡単に言うならば「先祖の名誉」ということです。自分の父、祖父、曽祖父《そうそふ》、高祖父《こうそふ》、そしてその父……の立派な行ないを名誉として重んじると共に、自分もその名誉に恥じない行ないをしよう、という強い思いです。先祖の名誉を重んじることは、どんな社会にも多かれ少なかれありますが、ローマ人の場合、この意識が非常に強かったのです。

実際、ローマ人は子どもの頃から、家族や親戚の葬儀の時に「自分のおじいさんはこんな偉いことをした、そのまたおじいさんはこんな偉いことをした、そうした父祖の遺風を受け継いだ故人はこんな立派な人だった」と繰《く》り返し繰り返し、何度も叩《たた》き込まれます。

さらに、ある程度以上の家庭では、葬儀の時だけでなく、ふだんから家の居間に父祖の彫像が置かれ、事《こと》あるごとに「おまえの祖先はこんなにも立派な人だったんだから、おまえもその先祖に恥じない人間になるよう努力しなさい」と、これもまた繰り返し言われました。

また、ローマの父親は、子どもにこうしたことを語るだけでなく、積極的に子どもの教育に関わりました。ローマ人は子どもの教育場所は家庭であるべきと考えていたので、貴族でも子どもが幼《おさな》い時は母親が世話をし、七歳くらいになると、特に男の子は父親の熱心な指導を受けるようになります。

ローマ以外の国では、貴族の家庭では教育を他人に任《まか》せるケースが多いのですが、ローマでは家庭教師を雇《やと》ったとしても、けっして他人任せにはせず、大事な勉学は父親が自《みずか》ら非常に熱心に教えました。父親は、読み書き、法律、武術や馬術など、必要なことは何でも教えましたが、なかでももっとも力を入れたのが「父祖の遺風」でした。生きていく上で、どのように考え、いかに振る舞い行動すべきか。その基準になるものとして「父祖の遺風」を示したのです。

ローマ人は、単に過去だけを見て、それを自らの誇りの拠りどころとしたのではなく、同時に現在の自分の行動を律《りつ》し、また子どもの未来に対しても誇り高き行動を取れる人間になるように、そして最終的には自分が子孫から「父祖の遺風」として重んじてもらえる人物になるように努力していました。

ですから、ローマ人にとって「父祖の遺風」に沿うように子どもを教育することは、何よりも大切な父親の務《つと》めだったのです。

こうした意識は、社会において法で規制できない部分を補完しました。法律に違反しないのは最低限のことであり、それだけで立派な人格が形成されるわけではありません。法律に違反しているわけではないけれど、人として誇れる行動ではない、ということはたくさんあります。

私は、ローマにおける父祖の遺風には、明治時代に新渡戸稲造《にとべいなぞう》が『武士道』としてまとめた、江戸時代の日本の武士たちが重んじてきた規範《きはん》に通じるものを感じます。どんなにつらくても、けっして卑怯《ひきょう》な行ないはしない。不名誉な生《せい》よりも名誉ある死を選ぶ——そんな誇り高きローマ人にとって、「父祖の遺風」に恥じる行為は、何よりも忌《い》むべきことだったのです。

●パトロヌスとクリエンテス

ローマ史を理解する上で、もっとも重要な鍵となるのが、「パトロヌスとクリエンテス」という人間関係です。なぜなら、この関係を抜きにしては、ローマは巨大な帝国に発展することも、またその巨大な帝国を維持・運営することもできなかったからです。

「パトロヌス［patronus］」はラテン語で「保護者」を、「クリエンテス［clientes］」は「被保護者」を意味する言葉です。両者の関係は、簡単に言えば「親分と子分」の関係です。パトロヌスが親分、クリエンテスが子分に当たります。

基本的に、パトロヌスは裕福な「貴族（パトリキ）」であり、クリエンテスは「平民（プレブス）」で、パトロヌスがクリエンテスの面倒を見ることで成立する従属的な人間関係です。しかし、必ずしも一方的なものではなく、クリエンテスは選挙の時などにパトロヌスに助勢したり、公私にわたりパトロヌスに力を尽くしたりと、相互扶助《そうごふじょ》的側面もありました。

こうしたパトロヌスとクリエンテスの関係は、あくまでも私的なものですが、パトロヌスが公的な立場に就《つ》くと、クリエンテスはその手下《てした》として働いたため、国家のなかで下級役人的な役割を担《にな》うことになります。さらに、共和政後期の軍制改革以降は、ローマ軍の組織も、このパトロヌスとクリエンテスの関係に負うようになり、私的な関係が国家に大きな影響をもたらすことになりました。

現在のローマ史学では、このパトロヌスとクリエンテスの関係を歴史的にどう捉《とら》えるかについて、ふたつの大きな潮流があります。

ひとつは、十九世紀にローマ史学を作ったドイツの歴史学者テオドール・モムゼンの視点にもとづくもので、ローマの皇帝権力ができていく過程において、さまざまな公職や属州の総督任命権がどのようにして皇帝の下《もと》に集まっていったか、この序列関係を見ることで解き明かしていくというものです。つまり、パトロヌスとクリエンテスの公的関係からローマ帝国の成立を描く、というものです。

もうひとつの流れは、パトロヌスとクリエンテスの私的な親分子分関係に着目し、個々の私的な関係が、最初はローマ国内だけだったが、やがて属州近辺に広がり、最終的にはローマ帝国全体で一人の皇帝を頂点とするピラミッド型に統合されていくという、私的な人間関係が公的な国家的組織に変わっていく流れを見るものです。これは、十九世紀後半から二十世紀にかけて現われた視点です。

視点は違いますが、いずれもパトロヌスとクリエンテスの関係が、ローマ史を理解する上で非常に重要なものであるという認識に違いはありません。

現在では、こうしたパトロヌスとクリエンテスの関係は存在していません。しかし、その痕跡がまったく失われたわけではなく、密度の濃い従属関係は、今の地中海世界にもある程度受け継がれています。そのもっとも典型的な例がマフィアです。

一九七二年に公開されたフランシス・フォード・コッポラ監督の映画『ゴッドファーザー』は、在米イタリア系マフィアの姿を描いた作品ですが、そこで見られる人間関係は、まさにパトロヌスとクリエンテスの関係を受け継いだものです。

マーロン・ブランドが演じたマフィアの親分ドン・コルレオーネは、暴力組織のボスですが、一族の初代がアメリカに移民したばかりの頃は、暴力的集団ではなく、移民仲間の苦情を聞き、助けてくれる、人のいい親分にすぎませんでした。それが、仲間の信頼を背景に、裏社会で伸《の》し上《あ》がっていくのですが、その流れは、古代においてパトロヌスがクリエンテスを増やし、その力と信頼を背景に伸し上がったのと実によく似ています。

子分たちは、困ったことがあれば親分に相談に行きます。すると、親分が必ず助けてくれる。こうして信頼関係が培《つちか》われるわけですが、いつも困ったことがあるわけではないので、ふだんはご機嫌うかがいのようにして、パトロヌスのところに挨拶《あいさつ》に行きます。そんな時でも、パトロヌスはクリエンテスに「よく来たね」と土産《みやげ》を持たせたと言います。

これには、富める者が貧しき者に施《ほどこ》すという、一種の富《とみ》の再分配もあったと言われていますが、それ以上に、パトロヌスである貴族には、常に立派な存在でありたいという「父祖の遺風」に通じる意識があったと考えられます。

クリエンテスは自由にパトロヌスを選ぶことができたため、被保護者の立場ではあるものの、力や金銭的な理由だけで服従したのではなく、信頼、尊敬できる人物を選びました。それだけに、一度信頼関係が築かれると、両者のつながりは強く、親子代々《だいだい》にわたり、命がけでパトロヌスに尽くすことも多かったようです。

ローマには「権威をもって統治せよ」という言葉がありますが、「S・P・Q・R」しかり「父祖の遺風」しかり、そしてパトロヌスとクリエンテスの関係においても、浮き彫りとなるのは、ローマ人の傑出《けつしゆつ》した誇り高さです。

●多神教と一神教

現在、世界の宗教人口の半数以上が一神教の信者です。しかし、古代世界においては、ギリシアでもメソポタミアでもエジプトでも、ほとんどすべての人々が多神教を信仰していました。世界はいつ、多神教から一神教が優勢になったのでしょう。

実は、この人類史上の大事件のターニングポイントとなったのが、ローマのキリスト教公認、と言われています。なぜなら、世界でもっとも多くの信者を持つ一神教はキリスト教だからです。

ローマが、それまで何度となく弾圧を加えてきたキリスト教を公認したのは三一三年です。皇帝コンスタンティヌスによって発布された「ミラノ勅令《ちょくれい》」の「キリスト者に対しても万人《ばんにん》に対しても、各人が欲《ほっ》した宗教に従う自由な権能を与える」という一文によるものです。キリスト教がローマの国教となるのは、この公認から約八〇年後の三九二年ですが、フランスの歴史学者ポール・ヴェーヌは、ミラノ勅令が発布され、その後の皇帝が尽力したことこそがキリスト教の世界的拡大を決定づけたものとして重視しています。

つまり、ローマが多神教から一神教に転換した出来事は、単にローマ人が宗旨替《しゅうしが》えしたというだけではなく、その後の世界を大きく変えた大事件なのです。

ローマがイタリア半島の小さな都市国家としてスタートしてから、西ローマ帝国が滅亡するまでの約一二〇〇年間。その長い歴史のなかで、ローマがキリスト教と深く関わるのは最後の約一五〇年間にすぎません。それまでのローマ人は多神教を信仰していました。

現在、私たちが目にするローマ神話は「ギリシア・ローマ神話」と言われるもので、神々の名前こそ異なるものの、ギリシア神話と内容はほぼ同じものです。これは、もともと神々が登場する物語としての神話を持たないローマ人が、ローマ固有の神々をギリシア神話の神々と同一視することで、ギリシア神話を自分たちのものとした結果です。

本来、ローマ人にとっての神とは非常に抽象的な存在で、ギリシア神話に登場するような人間くさいものではありませんでした。彼らにとって、神とは天にある精霊《せいれい》のようなもので、「デウス［deus］」あるいは「ゲニウス［genius］」と呼びました。

神々は力を持った精霊のようなものであり、万物《ばんぶつ》はその神々の力によって支配されている、と考えていたローマ人は、神々の怒りに触れないよう、敬虔《けいけん》に祭儀にはげみました。

ローマ人の行なう祭儀は非常に厳格で、その手順は形式に則《のっと》り、厳しく規定されていました。

さまざまな祭儀があるなかで、ローマ人がもっとも重視したのが「犠牲式《ぎせいしき》」です。犠牲式とは、大切な家畜である羊や山羊《やぎ》を生《い》け贄《にえ》として神に捧《ささ》げることで、神々の心を鎮《しず》めるというものです。

ローマ人は自分たちの神々をギリシアの神々と同一視しましたが、ギリシア人にとって祭儀は祝祭に近く、ローマのそれとは大きく異なっていました。そのため、ローマで長く生活したギリシア人の歴史家ポリュビオスは、ローマ人の宗教的敬虔さを次のように語っています。

「ローマは宗教によってほかの国々に勝《まさ》るのではないだろうか。他国でなら迷信とされることでも、ローマでは国家統合の要《かなめ》をなすものである。いずれの宗教行事も壮麗《そうれい》に執り行なわれ、公人《こうじん》としても私人《しじん》としても市民の生活をはっきりと規制している」

敬虔に、そして祭儀の形式を厳格に守るローマ人ですが、自分たちの信仰を異民族に強制することはいっさいしませんでした。領土がすこしずつ広がった時も、属州支配という形で帝国が拡大した過程でも、ローマ人は土着の信仰に対して、常に寛容な態度を取っています。

これは、ユダヤ教やキリスト教という「一神教」に対しても同様です。ローマが行なったキリスト教に対する弾圧は、一見《いっけん》すると、多神教のローマが一神教のキリスト教を弾圧したように見えるかもしれませんが、ローマはキリスト教が一神教だから弾圧したわけではありません。事実、ユダヤがローマの属州になった時も、ローマは「おまえたちがおまえたちの神を信じるのは自由だ」として、干渉していません。

では、ローマがユダヤ教から派生したキリスト教に対して、なぜ弾圧を加えたのか。

その理由は、ローマの側《がわ》ではなくキリスト教のほうにありました。唯一絶対の神を信仰するキリスト教徒は、自分たちの信じる神以外はニセモノと断《だん》じ、「信じてはいけない」と主張したからです。

自分たちの神以外をニセモノとしたのは、ユダヤ教も同じですが、ユダヤ教の神はユダヤ人だけを救う神であり、ユダヤ人が他民族の信仰に干渉することはありませんでした。

しかし、キリスト教は「キリストがその死をもって、すべての人々の罪を贖《あがな》った」としたため、信徒となり得る範囲が全人類に及び、他の神を信仰することは異民族であっても許されざることになったのです。

それでも、ローマ帝国が力を持っていた時代には、キリスト教がローマの人々の心をつかむことはありませんでした。ローマがキリスト教に染まっていったのは、ローマの国力が低下し、不安定な社会のなかで、古来の人間関係が揺《ゆ》らぎ、人と人との結びつきが弱まったために、人々が個々に救いを求めた結果だったのです。

私は、キリスト教がローマ人の不安な心をつかんだ理由として、次の三つが挙げられると考えています。

ひとつは、神の子が人々の犠牲となるという物語のわかりやすさ。ふたつ目は抑圧された人々の怨念《おんねん》。三つ目が心の豊かさを求める際のローマ人の禁欲的意識です。

古くから、神の心を鎮めるために犠牲を捧げる祭儀を行なってきた古代人にとって、神の子自らが犠牲になることで人々が救われるというのは、とても理解しやすいストーリーでした。

また、ローマで最初にキリスト教徒になったのは、貴族ではなく貧しい人々でしたが、それは、キリスト教が「貧しい人々ほど神に愛され救われる」と説《と》いたことが関係しています。国家の力が衰《おとろ》えると、それまで虐《しいた》げられていた下層の人々の怨念が物事を動かす大きなエネルギーとなるのは、何もローマに限ったことではありません。

しかし、三つ目の理由は「ローマ人ならでは」と言えるかもしれません。ローマ人はもともと、宗教に対して非常に敬虔な人々でした。さらに、父祖の遺風を大切にし、常に自分の行動を律してきたローマ人にとって、物欲《ぶつよく》や色欲《しきよく》といった人間の欲望を汚《けが》れたものと見なすキリスト教の禁欲意識は、繁栄のあとの衰退に虚《むな》しさを感じ、物《もの》よりも心の豊かさを求めていた帝政末期のローマ人の心と触れ合うところがありました。

とはいえ、私も多神教世界から一神教世界への転換という大問題が、たった三つの理由で説明できるとはもちろん思っていません。ほかにも、数多くの理由が介在していることはまちがいありません。

ただ、ひとつだけはっきりしているのは、キリスト教が世界最大の宗教へと発展していくことに、ローマ帝国の衰退が大きく関与していることです。

起

——建国から、カルタゴの滅亡まで（紀元前七五三～同一四六年）

Introduction

(1) なぜ、ローマ人は共和政を選んだのか?

オオカミに育てられた初代国王

ローマの政治制度でまず思い浮かべるのは、「元老院(セナトゥス)」を中心とする「共和政」でしょう。しかし、建国当初は「王政」でした。ローマの初代国王の名はロムルス。ローマとは、この王名にちなんだものとされています。ただし、これは建国神話にもとづくもので、実在の人物であるかは不明です。

神話によれば、ロムルスにはレムスという双子《ふたご》の弟がいました。ロムルス、レムス兄弟の母レア・シルヴィアは、古代ギリシアとの戦いで滅んだトロイア王家の血を受け継ぐアルバ王ヌミトルの娘でした。しかし、ヌミトル王が弟アムーリアスに王位を簒奪《さんだつ》されると、彼女はその血筋ゆえ、男性と関係を持つことを禁じられた巫女《みこ》にされてしまいます。

そんなレアと関係を持ち、彼女を妊娠させたのが軍神マルスでした。レアは前王の娘な

年表1（紀元前753〜同146年）

年代	主な出来事
紀元前 753	ロムルス王によるローマ建国（神話）
509	元老院がタルクィニウス王を追放→王政から共和政へ。 初代の執政官（コンスル）が就任
494	聖山事件、護民官の設置
450	十二表法の制定
367	リキニウス・セクスティウス法の制定
312	アッピア街道の敷設開始
287	ホルテンシウス法の制定
280	ピュロス戦争（〜275年）
272	ローマによるイタリア半島統一
264	第1次ポエニ戦争（〜241）
218	第2次ポエニ戦争（〜201）
216	カンナエの戦い
214	第1次マケドニア戦争（〜205）
202	ザマの戦い
200	第2次マケドニア戦争（〜197）
171	第3次マケドニア戦争（〜168）
149	第3次ポエニ戦争（〜146） 第4次マケドニア戦争（〜148）
146	カルタゴが滅亡、マケドニアがローマの属州となる→ローマの地中海制覇

ので、彼女が産んだ双子の男子には王位継承権がありました。そのため、アムーリアスは二人を殺すよう兵士に命じます。しかし、二人を哀《あわ》れんだ兵士によって彼らは川に流され、川の精霊が二人を拾い上げ、メスオオカミに預けます。

こうして、彼らはオオカミの乳《ちち》を飲んで育つことになります。有名なオオカミの乳を飲むロムルスとレムスの彫像（写真2）は、この時の様子をモチーフとしたものです。やがて成長したロムルスとレムスは、アムーリアスを討《う》ち、王位を祖父に戻し、自らは新しく国を興《おこ》します。しかし、仲の良かったロムルスとレムスの兄弟は、建国場所を巡《めぐ》って争うようになり、最終的には紀元前七五三年、ロムルスがレムスを殺害して王位に就いた、とされています。

当時、トロイアの血を受け継いでいることはかなりのステータスでした。なぜなら、トロイアの歴史はギリシアよりも古く、高度な文明を持つ国として認知されていたからです。つまり、ローマの建国神話は、ローマの血の根源をトロイアと軍神マルスにつなげることで、血統の正統性をアピールしたと言えます。

ローマの建国神話でおもしろいのは、ロムルスとレムスの兄弟がメスオオカミに育てら

写真2　メスオオカミの乳《ちち》を飲む初代国王

メスオオカミは紀元前5世紀の作、ロムルスとレムスはルネサンス期に付け加えられた　（カピトリーニ美術館蔵）

れたことです。神話では、メスオオカミの乳を飲んだ双子はその後、羊飼いの夫婦に引き取られ、羊飼いとして成長したとされています。

神話なのですから、のちに羊飼いの夫婦に育てられるなら、最初から羊飼いの夫婦に預けられたとしてもよさそうなものです。なぜ、ここでメスオオカミが登場する必要があったのでしょう。

実は、メスオオカミはラテン語で「ルパ」と言い、「非常に尻軽《しりがる》な女性」をも意味します。ローマでは娼館のことを「ルパーナル［lupanar］」

と言いましたが、これはルパにちなんだ名前です。こうしたことから、メスオオカミに育てられたエピソードには、彼らを育てたとされる羊飼いの妻こそ実の母親で、彼女は誰とでも寝るような尻軽女だったため、父親のわからない子どもを産んだことなどが背景にあったのではないかとも言われています。

建国神話というものは、どこの国でもいかがわしいものですが、そのいかがわしさのなかにも何らかの事実を含んでいるものです。ローマの場合も、事実を高貴なもの、あるいは正統性を持ったものとするために、トロイアのことや軍神マルスのことを持ってきて脚色しているのだと思います。

ちなみに、捨て子は古代においては珍しいものではありません。アケメネス朝ペルシアのキュロス二世も、ユダヤの民《たみ》をエジプトから救い出した預言者モーセも捨て子だったとされています。しかし、そこにオオカミに育てられたというエピソードはありません。

では、なぜロムルスたちだけがメスオオカミに育てられたことになっているのか。そこには、メスオオカミに象徴される何らかの事実が潜《ひそ》んでいると考えざるを得ないのです。

ローマに君臨《くんりん》したエトルリア人

初代ロムルスから始まるローマの王政は、その後ルキウス・タルクィニウス・スペルブスまで七代続きます。ロムルスの血統の正しさを神話で示したローマでしたが、七代の王政のうち、最後の三代はローマ人ではなくエトルリア人が王位に就いています。

エトルリアはローマの北方、現在のイタリア・トスカーナ地方に位置する国です。トスカーナは、イタリア半島のなかでもっとも気候風土の良い場所です。

これはどの地域でも言えることですが、最初にその地域に入った人々が一番良い場所に住みます。つまり、ローマ人の祖先はエトルリア人たちよりも遅くイタリア半島にやって来たということです。彼らがイタリア半島に来た時、もっとも住みよいトスカーナにはすでにエトルリア人たちが住んでいたので、そのすこし南のローマに住むことになったのです。

当時のエトルリアは、ローマよりも進んだ文化を持つ先進国でした。エトルリアは、以前から大きな力を持っていたギリシアの影響を受けていたからです。

ギリシア世界と言うと、多くの人はギリシア本土とエーゲ海周辺のごく限られた地域しかイメージしませんが、紀元前八世紀頃から始まる植民活動によって、古代ギリシア世界は、とても大きな広がりを持っていました。

具体的には、シチリア島を含めたイタリア半島南部の「マグナ・グラエキア」と呼ばれる地域、フランス南部コートダジュールのニース、同じくマルセイユ、リビアなど北アフリカの沿岸地域、さらにはアナトリア半島に位置するエフェソス（現・トルコの都市セルチュク）やペルガモン（現・トルコの都市ベルガマ）もギリシア人が作った土地です。その証拠に、こうした地域には、今もギリシア語を語源とする地名が多数残っています。たとえば、フランスのニースという地名は、ギリシア語で勝利を意味する「ニケ」を語源としたものです。

イタリア半島のナポリの近くに位置するクーマ（ギリシア語ではキューメ）には、かなり早い段階からギリシア人が入植しており、そのギリシア文化の影響を強く受けながら、エトルリアは文化を発展させていました。ローマも、最初はギリシアから直接ではなく、身近な先進国エトルリアを経由する形でギリシア文化の影響を受けていたのです。

ローマにとって外国人であるエトルリア人が王になっても、大きな争いは起きませんでした。エトルリア人が王になることに反発するローマ貴族もいなかったわけではありませんが、多くは相手が先進国だったことで、状況に甘んじたのだと思われます。

当時、ローマ人は文字を持っていませんでしたが、エトルリア人は、ギリシアからの借りものではありますが、すでに文字を持ち、エトルリア語をギリシア文字で表記することができました。文字の有無《うむ》は文化の発展に大きく影響します。そういう意味でも、ローマにとってエトルリアの指導者を仰《あお》ぐメリットはあったのです。

また、最初はエトルリア人の王が良い政治を行なっていたということも、反発する者が少なかった理由のひとつと考えられます。

傲慢《ごうまん》な王を追放

しかし、最初は善政を行なっていたエトルリア人の王も、代《だい》を重ねるごとに傲慢になっていきました。なかでも、エトルリア人の三人目にして最後の王となったルキウス・タルクィニウス・スペルブスの傲慢さは常軌《じょうき》を逸《いっ》したものだったようです。これは伝説ですが、タルクィニウスの悪行を象徴するものとして次のような話が伝わっています。

ある日、タルクィニウスの息子セクストゥスが、ルクレティアという美しい人妻を見初《みそ》め、関係を持とうと迫ります。しかし、貞淑《ていしゅく》なルクレティアは彼の誘惑をきっぱりと撥《は》ね除《の》けます。すると怒ったセクストゥスは、彼女を強姦《ごうかん》してしまったのです。ルクレティアは夫と父にすべてを告白し、潔白の証《あかし》として、自ら命を絶《た》ちました。

このルクレティアの悲劇の物語は、ローマでは建国神話のひとつとして有名で、多くの芸術家がこれを題材に作品を作っています。先年、私が訪れたスペイン・マドリードでも、ルクレティアの自害のシーンを描いた絵画を目にしました。

タルクィニウスは、この事件の前から、元老院のなかで先王と関係の深かった人物を殺害するなど、ローマの権力をすべて自分に集中するよう画策《かくさく》していました。傲慢な振る舞いに不満を抱いていたローマ貴族たちは、このルクレティアの事件をきっかけに一気に反旗を翻《ひるがえ》します。

こうして紀元前五〇九年、ローマでは元老院がルキウス・タルクィニウス・スペルブスを追放するという形で、「王政」から元老院中心の「共和政」国家へと移行していきました。

自由民としての意識

なぜ、ローマは王政から共和政へ移行したのでしょう。エトルリア人の王を追放して、ローマ人の王を選出するという選択肢もあったはずです。私は、ローマ人が王政に見切りをつけ、共和政を選んだ理由は「ローマ人の意識」にあると考えています。それは、「自分たちは自由民」である、という強い意識です。

ローマがタルクィニウスを追放し、王政から共和政に移行した翌年（紀元前五〇八年）、ギリシアでクレイステネスの改革が起きています。これも、やはり独裁的な政治権力を持つ「僭主《せんしゅ》（血統ではなく武力などで君主の座を得た者）」を倒して、民主政に移行するものでした。

ローマの場合は共和政ですから、ギリシアのように民衆が政治に直接参加するまでには至っていません。しかし、文化的にははるかに先進国であるギリシアとほぼ同時期に、ローマでも独裁者を倒して自分たちの国を作ろうという出来事が起きたことは、ローマの人々が一人の人間による独裁に非常に強い嫌悪《けんお》感を持っていたことを示しています。

ローマ人は、自分たちはあくまでも自由民である、という考えを強く持っています。だからこそ、一人の人間に支配されることを、自分たちの自由を侵《おか》されるとして嫌悪したのです。ローマでは、この後、共和政が長期間（約五〇〇年間）維持されたのも、独裁者が登場することに対して、ローマ人が非常に強い警戒心を持って対処していたからにほかなりません。

こうしたローマ人の意識を象徴しているのが、共和政期の行政・軍事の執行機関である「政務官《せいむかん》（マギストラトゥス）」の最高職「執政官《しっせいかん》（コンスル）」を基本的に二人としたことです。これを「同僚制《どうりょうせい》」と言います。ローマ人は、ひとつの役職に二人の人間を任命することで、独裁を防ぐと共に、たがいに行動を牽制《けんせい》させたのです。

大した問題がない時には、二人の執政官が交代で執務しましたが、同時に二人の執政官がいるという大前提の元に、ローマの最高職は成り立っていたのです。ただし、特例が設けられていました。非常時においては指揮系統が一本化されることが必要なので、半年間という期間限定で「独裁官《どくさいかん》（ディクタトル）」が任命されたのです。

のちの話になりますが、共和政の末期に自らの権力を固めるためにこの非常措置をうまく使ったのがユリウス・カエサルです。

彼は、まず独裁官の期間を一〇年に延長し、やがて終身の独裁官になるという形で権力を掌握していきました。ローマ市民の絶大な支持を得て、権力の座に上り詰めたカエサルでしたが、最終的には、彼も独裁者になる危険性が疑われ、政敵によって暗殺されてしまいます。

ローマが共和政になってからカエサルが登場するまでの約五〇〇年間には、何人もの英雄が登場しています。しかし、その多くがカエサル同様、悲劇がつきまといます。

たとえば、紀元前四世紀のはじめに登場したマルクス・フリウス・カミルスは、独裁官に五回も推薦され、第二のロムルスと評されるほどの英雄ですが、途中で市民に嫌われ、自らローマを去っています。また、第二次ポエニ戦争でカルタゴの名将ハンニバルを退《しりぞ》け、「大スキピオ」の名で知られる英雄スキピオ・アフリカヌスも、最初は市民に熱烈に歓迎されましたが、晩年は政敵に追われ、不遇なまま生涯を終えました。

英雄は、周囲の信頼や期待を集め、権力の座に押し上げられます。しかし、同時に政敵の嫉妬《しっと》や不安感を煽《あお》ることにつながり、最後は「独裁者になる危険がある」と中傷《ちゅうしょう》され、ローマを追われたり、ひどい場合には殺されたりしてしまうのです。先述のスキピオ・アフリカヌスは、元老院首席に祭り上げられても、自らに独裁者になる野望がないことを示していたのですが、最後にはやはり不遇を余儀なくされています。

独裁を嫌っても、「独裁官」を置く理由

独裁を嫌ったローマですが、非常時に独裁官を置いたことからもわかるように、権力の集中を忌避《きひ》したわけではありません。王がローマ人であれエトルリア人であれ、善政が続いていればローマの王政はもっと長く続いたでしょう。

これは同時期に民主政に移行したギリシアにおいても言えることです。クレイステネスの改革では「僭主＝傲慢な独裁者」という印象を受けますが、必ずしもそうとは言えません。実際、たとえ独裁であっても紀元前六世紀のアテナイ（現・ギリシアの首都アテネ）のペイシストラトスのように、有能で聡明な僭主もいました。為政者が有能であれば、独裁であっても民衆は反発しません。ギリシアでもペイシストラトスの死後、彼の息子が独善的な政治を行なったから、僭主を追放するという形で民主政に移行していったのです。

こうして、ほぼ同時期に、共に独裁者を追い出したギリシアとローマでしたが、その後

は大きく違っていきました。ギリシアは民主政を選択し、ローマは共和政を選択したのです。

確かに、すべての民衆が政治に参加する民主政のほうが、元老院貴族が主導権を握る共和政よりも、政治としては先進的です。しかし、その後を考えると、ローマの共和政は約五〇〇年続き、国土と人口を増やしましたが、古代ギリシアで最初に民主政を確立した都市国家アテナイは一〇〇年足《た》らずで衆愚《しゅうぐ》政治に陥《おちい》り、再び政治は混乱しました。先進的だからといって、必ずしもうまくいくわけではないということです。

ローマがエトルリア人の王を追放し、共和政に移行したのは、外国人の支配を嫌ったという面もなかったわけではありませんが、それは外国人だからというよりも、ローマ人が単独の支配者を嫌った結果だと言えます。

そして、彼らが単独の支配者を嫌ったのは、独裁状態が長く続くと、人は独善的になりやすいことを知っていたからです。だから、非常時には独裁官を置くけれど、基本的にその任期は六カ月という短期に設定したのです。

「共和制」と「共和政」

ローマの政治について述べる時、「共和制」と「共和政」どちらの表記を使うか迷われる方がいますが、私はローマに関しては「共和政」を使っていただきたいと思っています。「共和制」と「共和政」、音《おん》は同じですが、その内容は違います。

現在広く使われている「リパブリック［republic］＝共和制」は、ラテン語で「公《おおやけ》のもの」を意味する「レスプブリカ［res publica］＝共和国」という言葉から来ています。そのため「共和制」と「共和政」の明確な違いを規定するのは難しいのですが、一般的には近代以降は「共和制」を使い、ローマ史あるいは古代史では「共和政」を使う傾向が見られます。

理由のひとつは、古代の政治では、近代の三権分立（立法、行政、司法を独立した機関が担い、相互に抑制・均衡《きんこう》を図る）に代表される制度がきちんと確立していないことです。また、ローマの「共和政」は、基本的に元老院貴族が非常に大きな力を持つ、元老院の支配だからです。もちろん市民から構成される議決機関「民会《みんかい》（コミティア）」もありましたが、最終的な決定は約三〇〇人と言われる元老院貴族によってなされました。

図表3 共和政のしくみ

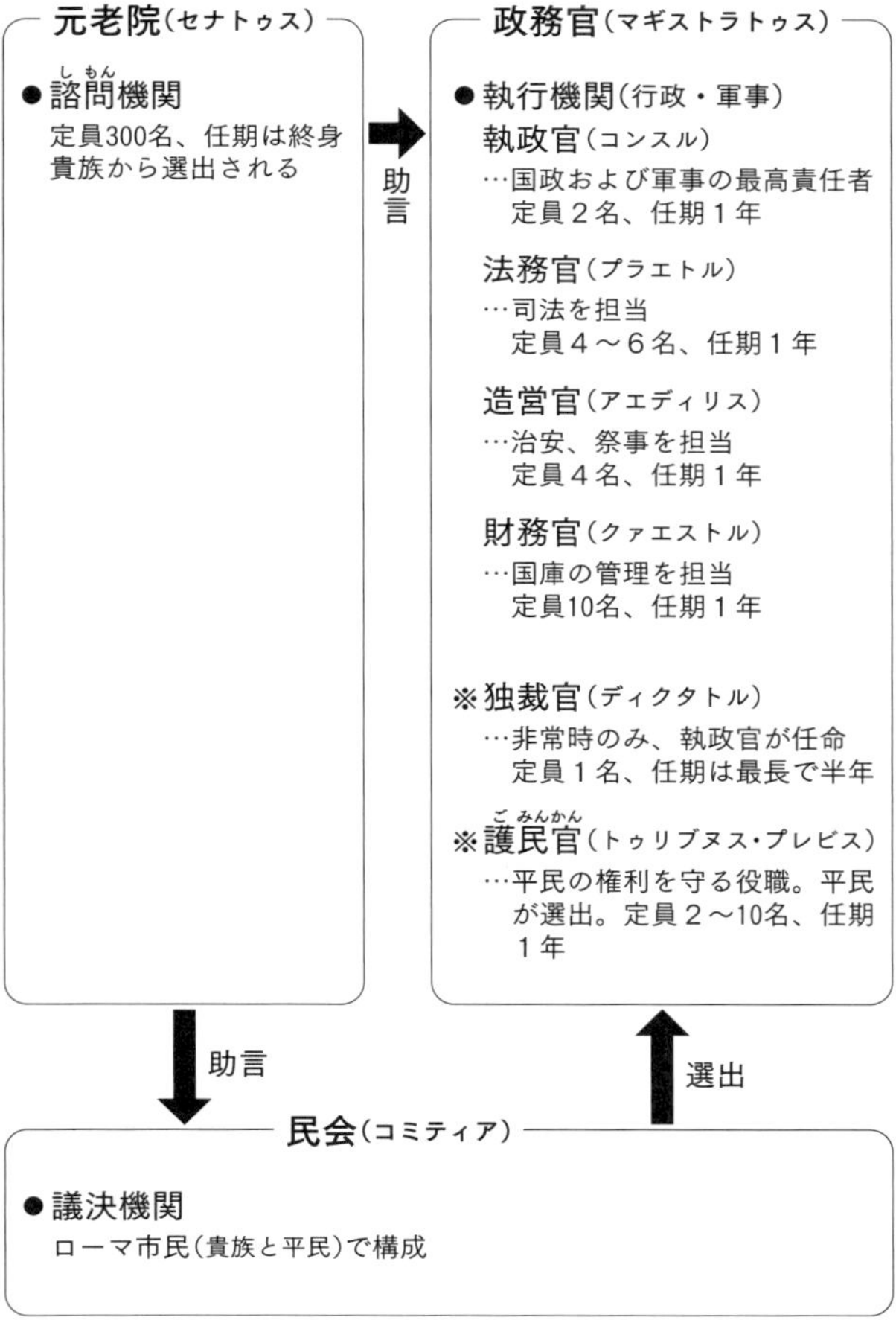
元老院(セナトゥス)
●諮問《しもん》機関
定員300名、任期は終身
貴族から選出される
助言
政務官(マギストラトゥス)
●執行機関(行政・軍事)
執政官(コンスル)
…国政および軍事の最高責任者
定員2名、任期1年
法務官(プラエトル)
…司法を担当
定員4～6名、任期1年
造営官(アエディリス)
…治安、祭事を担当
定員4名、任期1年
財務官(クァエストル)
…国庫の管理を担当
定員10名、任期1年
※独裁官(ディクタトル)
…非常時のみ、執政官が任命
定員1名、任期は最長で半年
※護民官《ごみんかん》(トゥリブヌス・プレビス)
…平民の権利を守る役職。平民が選出。定員2～10名、任期1年
助言
選出
民会(コミティア)
●議決機関
ローマ市民(貴族と平民)で構成

共和政なのに、貴族が存在して力を持つことに違和感があるかもしれませんが、それは現代人の感覚です。古代社会は、王がいて貴族がいて平民がいて最下層に奴隷がいる——というヒエラルキーの存在が当たり前です。王を追い出したとはいえ、ローマにもヒエラルキーはありました。私たちは身分による差別のない社会にいるので、共和政なのに貴族が存在し支配しているということに矛盾《むじゅん》を感じますが、古代においてはむしろ、それが普通なのです。

それよりも注目すべきは、身分によって社会的権利に違いがあったにもかかわらず、なぜすべてのローマ市民にこれほどまでに強い自由民意識が育ったのか、ということです。これは、私にも明確な答えは出せないのですが、ローマの軍事組織が関わっているのではないかと考えています。

ローマの軍隊は、ギリシアやエトルリアの影響を受け、「ファランクス」と呼ばれる密集隊形を採用しています。ファランクスでは、みんながまとまって戦闘するため、おたがいに助け合うという意識が強くなります。その結果、連帯感や団結心といったものが培《つちか》われ、個人としての自由を重んじつつも、社会全体の利益を考えられるバランスのよい自由民意識が育ったと考えられます。

しかし、ファランクスだけでは説明できない部分もあります。それは、同じようにファランクスを採用したギリシアも自由を重んじていますが、ローマが集団主義的な自由であるのに比べて、個人主義的なものだからです。

ギリシアの個人主義とローマの集団主義、この違いを生み出したのは、初期のローマにおいては、ほとんどの市民が農民だったことが影響していると考えられます。機械の力を借りることのできない古代の農業では、集団で助け合うことが必要不可欠です。そのため、農耕市民共同体ができあがり、そこでもまた集団意識が培われることになります。

ローマの共和政は、貴族という一部の人の集まりが主導権を持っていましたが、その内容は集団主義的自由意識に立脚したものだったのです。

そういう意味でも、ローマの共和政は、現在の三権分立や主権在民といった制度の下《もと》で確立された「共和制」とは明らかに違います。ですから、誤解を招かないためにも、両者を区別するためにも、ローマの政治制度では「共和政」を使っていただきたいのです。

元老院《げんろういん》貴族とは何か

共和政ローマの中心となった元老院の創設は、初代国王ロムルスの時代にまで遡《さかのぼ》ります。元老院は、明治期の日本にもありましたが、国王に意見具申《ぐしん》したり、補佐をしたりする機関のことです。のちには約三〇〇人いたローマの「元老院議員（パトレス）」は、ロムルスの創設時には約一〇〇人ほどでした。

元老院は、貴族によって構成されることになっており、形の上では、最初の元老院貴族は三〇の氏族《しぞく》の長《おさ》に当たる人たちのなかから選ばれた、ということになっています。しかし、王政の初期では貴族と平民の区別はほとんどが伝説的なもので、そこに明確な違いがあるわけではありません。

イタリアには、先述のロムルスとレムスの兄弟のストーリーを筆頭に、さまざまな建国神話があります。しかし、ロムルスとレムスの兄弟の父親が軍神マルスだったり、トロイア戦争の英雄アイネイアスの母親が美の女神アフロディーテだったりと、華々《はなばな》しい血筋を誇ってはいるものの、明らかに史実とは思えないものもたくさん含まれています。神話について考える場合、大切なのはそれがウソか本当かということではありません。さまざまな人々がそれぞれに都合のいい神話を作ってでも、自分たちは高貴な血筋の人間なのだとアピールしていた、ということです。

当時の新興国は、(人間の集落はしょせん、そうしてできていくものだと思いますが)そもそもの出発点はいかがわしいものでした。しかし、あまり誇れるような出自ではないからこそ、力を持った時に、本当は高貴な血筋を受け継ぐ由緒正しき氏族であることを装《よそお》い、過去を美化したかったのでしょう。

しかし、これもまたローマ人だけが特別なのではありません。おそらく、ローマ以外の新興国も、かつてはみな自分たちの建国は尊《とうと》い貴族に遡るという神話を持っていたのだと思います。現在、そうしたものが残っていないのは、彼らがローマに吸収されるのに伴《ともな》い、彼らの神話もローマに吸収されてしまったからです。

ローマの元老院貴族も最初は、功績を挙げた者や王の親族などの有力者のなかから選出され、その家が貴族化していったと考えたほうが真実に近いのではないかと思います。

この頃のローマについて何が真実かを明らかにするのはかなり困難です。なぜなら、同時代の史料がなく、ほとんどがあとから書かれた伝説とも事実ともつかない史料ばかりだからです。こうした史料に書かれているのは、ローマは早い時代から貴族と平民に分かれていたが、貴族たちは常に民衆のことを思いやり、民衆は幸福で、国のために喜んで働いた、というようなことです。

確かに、ローマは集団主義的自由意識が強かったので、ほかの国々よりは、貴族も高圧的ではなかったと思われます。それでも、実際に貴族がどの程度民衆を思いやっていたかはわかりません。

女性不足と〝お姫様抱《ひめさまだ》っこ〟

ローマが都市国家と言えるまでに成長する間には、さまざまな人々を受け入れて人口を増やしていったことは容易に想像がつきます。受け継ぐ土地がなく、身ひとつで家を出た農家の次男、三男や都市離脱者……彼らのなかには逃亡者や犯罪者もまぎれていたでしょう。実際、ロムルス王の時代には、カピトリヌスの丘に避難所を作り、周辺諸国から逃亡してきた奴隷や犯罪逃亡者を受け入れたという伝承もあります。

こうしてできあがった都市は、荒くれ者の吹きだまりのようなダーティーな社会ではないか、と思われるかもしれませんが、それも現代人の感覚です。新しい都市国家や民族ができた時の構成員というのはどこでも、多かれ少なかれ、そういう人たちの集まりだったからです。たとえば東地中海沿岸で「海の民《たみ》」と呼ばれた集団などは、ほとんどが都市離脱者、亡命者、犯罪者から成り立っていました。

しかし、こうして人口を増やしていった時、ある問題が生じます。それは、女性の不足です。逃亡者や都市離脱者の多くは男性なので、どうしても女性の数が不足してしまうのです。女性が不足すると子どもが生まれなくなるので、国としての発展が妨《さまた》げられます。

そのため、当時の新興国ではどこでも、女性の獲得が大きな問題となっていました。その結果、ギリシアの植民都市などでは、近隣都市と戦って勝利すると、負けた都市から女性を略奪することが当然のこととして行なわれていました。ローマも女性問題については頭を悩ませていました。次のような伝説がそのことを物語っています。

女性不足を危惧《きぐ》したロムルス王は、周辺諸国に特使を送り、ローマに女性を嫁《とつ》がせるよう働きかけてほしいと頼みました。しかし、ローマの成長を恐れた周辺諸国から色よい返事をもらうことはできませんでした。そこで、ロムルス王は実力行使に出ることを決めます。ローマ近くにあるサビニ王国に「祭りに招待したい」とウソの使いを送り、男性が出かけた留守を狙《ねら》い、女性たちを力ずくで略奪したのです。

欧米では、新婚初日に、新郎が新婦を抱き上げて新居に入る習慣があります。俗に言う〝お姫様抱っこ〟ですが、このルーツは、力ずくでサビニの女性を略奪したローマの故事に由来した風習なのです。

女性を略奪されたサビニの男たちは当然怒り、ローマに戦いを挑《いど》みます。ところが、おもしろいことに、ローマに連れ去られたサビニの女性たちが間に入る形で和解しています。和解したローマとサビニはやがてローマを中心とする形でひとつに統合されます。

ローマは、このようにして周辺諸国を次々と併合して大きくなった国ですから、貴族と言っても、必ずしも元からローマにいた人に限られていたわけではありません。併合された国の人や、あとから入ってきた勢力でも、力があったり、功績を立てたりすれば土地を持つことも、人を雇《やと》うこともでき、力を持った人たちが貴族として認められるようになっていったと考えられます。

ただし、これは最初のうちだけです。ある程度、国としての形が整《ととの》い、核《かく》となる貴族層、氏族層が確立すると、あとから来た外国人が貴族層に入り込むことは難しくなりました。実際、階層が確立後のローマは、階層意識がかなり厳格で、身分による区別が明確になされていました。

貴族と平民の格差

厳格な身分区別がなされたローマでは、独裁者を追放して共和政になっても、平民と貴族の間にはさまざまな格差がありました。

たとえば、貴族と平民の間には通婚権がなく、どんなに豊かでも、平民は貴族と結婚できませんでした。また、ローマの最高権力者である執政官は元老院貴族出身者でなければならないとされたので、平民はどんなに豊かな才能を持っていても、また人徳《じんとく》があっても執政官になることはできませんでした。

平民には、議決機関「民会」への投票権が与えられていましたが、一票の格差が不当に大きく、票数で勝《まさ》っていても、平民の意見が民会の決議に影響を与えることはありませんでした。

この不当な格差は、民会の複雑なシステムが生み出していました。民会では、まず市民を財産額によって六つのクラッシス（クラス）に分け、さらにそれを階級ごとに分け、最終的に一九三のグループに細分化します。そして、階層ごとに持ち票が割り当てられるのですが、その数は階層が上になるほど多くなるため、最終的な一票の格差はとてつもなく大きなものでした。

ちなみに、現在のアメリカの大統領選挙のシステム——まず、ブロックごとに勝敗を決め、その獲得ブロックの多寡《たか》によって最終的な勝敗が決まる——は、ローマのシステムを真似したものです。

また、貴族たちは平民に「国の掟《おきて》」を公表していなかったため、何かあると「これは昔からこういう決まりになっていた」と言い、平民からすれば、貴族たちの都合のいいように裁《さば》かれる、ということがよくありました。

このように、最初は貴族による支配を甘んじて受けていた平民たちも、豊かになる者が出てきたことで、次第に不満を主張するようになり、身分闘争へと発展していきました。

そして、共和政ローマは、身分闘争を繰り返すなかで、貴族がすこしずつ譲歩して平民の権利が認められていく、という形で成熟していくことになります。

身分闘争の始まり

ローマの政治は元老院貴族が中心ですが、人口は平民が圧倒的多数を占めていました。そのため、ローマの軍隊の大部分を担っていたのも平民でした。

しかし、平民は戦争で命がけで戦っても、占領地は貴族の間で分配されてしまい、何も与えられません。不景気や疫病《えきびょう》など問題が生《しょう》じた時に、真っ先に被害に遭《あ》うのも立場の弱い平民です。さらに、共和政の初期には、平民には兵役義務のほかに重い税金もかけられていました。

紀元前四九四年、こうした不公平な状態に不満を爆発させた平民たちが、兵役も納税も労働も、すべての義務を放棄して、ローマの北東に位置する「モンテ・サクロ（聖山《せいざん》）」という丘に立てこもってしまいました（聖山事件）。今風に言えば、ストライキです。

困ったのは貴族たちです。なぜなら、平民たちが兵役を放棄したということは、ローマ軍から主力戦闘員がいなくなることだからです。こんな状態が周辺諸国に知られたら、攻め込まれることは明らかです。そして、攻め込まれたら貴族だけではとうてい国を守りきれません。平民たちもそんなことは百も承知でしたが、彼らは貴族とは違い、失うものがないので強気です。こうなると貴族が譲歩するしかありません。

こうして、聖山事件で平民が勝ち取ったのが「護民官《ごみんかん》（トゥリブヌス・プレビス）」と「十二表法」です。

護民官は、政務官のひとつで、平民の権利を守るための役職です。執政官や元老院が決めたことに対して拒否権を行使することが認められており、民衆の利害を守ることができました。貴族との対立が想定されるため、護民官には他の政務官にはない「身体不可侵《ふかしん》の特権」、つまり何人《なんぴと》たりとも彼らにいっさい危害を加えてはならないという身分保証が与えられていました。

こうした護民官は、平民のための役職なので、平民のなかから平民によって選ばれ、貴族の代表である執政官と同じく、二人（のちには一〇人）が任期一年で任命されました。

ローマ最古の成文法である「十二表法」は、聖山事件の四四年後の紀元前四五〇年に成立しています。それまで成文法を持たなかったローマは、ギリシアのアテナイへ使節を送

写真3　フォロ・ロマーノ

ローマ市内に東西約300メートル、南北約100メートルにわたり広がるローマ遺跡群。ローマ時代の政治活動の中心地であり、元老院議事堂や裁判所があった

り、これを完成させています。

完成した成文法は、十二枚の青銅の板に刻まれたことから「十二表法」と呼ばれ、その銅板は、ローマの中心地フォルム・ロマヌム（現・イタリアのローマ市内にある遺跡フォロ・ロマーノ、写真3）に掲げられたと言います。

その内容は、裁判方法、土地や財産の権利、相続や結婚、民事訴訟、債務や不法行為、犯罪など、多岐《たき》にわたっていました。

ストライキをして、貴族を半《なか》ば脅《おど》すようにして自らの権利を認めさせた平民たちですが、その要求はけっして自分たちの利益ばかりを追求するものではありませんでした。彼らが求めたのは、平民にも貴族と同じ権利を認めてほしいという、ある意味真っ当な要求でした。

それでも、彼らの要求が最初からすべて認められたわけではありません。事実、この段階では、まだ貴族と平民の通婚権は認められていません。両者の通婚が正式に認められるのは、五年後の紀元前四四五年です。

また、執政官は元老院貴族とする、という決まりが覆《くつがえ》り、執政官二人のうち一人は平民から選ばれるようになるのは、紀元前三六七年のリキニウス・セクスティウス法の制定から。さらに、紀元前二八七年、平民会の決議がローマ全体で有効となることを定めたホルテンシウス法が制定されます。ここに、ようやく身分闘争は沈静化したのです。

ギリシアとローマの政治の違い

ギリシアのアテナイとローマは、ほぼ同時期に独裁者を倒しています。しかし、アテナイが一世代約三〇年ですぐに民主政を実現させたのに対し、ローマは、身分闘争を繰り返しながら、約二〇〇〇年の歳月をかけて、共和政を完成させていきました。

ギリシアの民主政では、自由民である民衆の一人ひとりが、平等な立場で政治に参加することができました。自由民は、「アルコン（支配者を意味する最高官職）」をはじめ、さまざまな役人を選ぶ権利を持っていましたし、下級役人は財産の有無にかかわらず、ある程度順番で回ってきました。これほど徹底した民主政を行なったギリシアですが、五〇年も経《た》たないうちに混乱し、民主政が機能しなくなってしまいます。

ギリシアの民主政は確かにすばらしいものだったのですが、システムとしてきちんと機能するためには、有能なリーダーが必要でした。ペリクレスという非常に有能なリーダーがいた時にはアテナイの民主政は良かったのですが、彼のあとに有能なリーダーが出なかったため、アテナイの政治は「デマゴーグ（煽動的《せんどうてき》民衆指導者）」によって支配され、衆愚政治へと変貌していったのです。

こうした衆愚政治への批判を込めて、紀元前四世紀の思想家プラトンは「本当は独裁政が一番いい」と言っています。もちろん、プラトンの言う独裁とは、傲慢な独裁者によるものではありません。公平で見識《けんしき》を備えた哲学者である「哲人皇帝《てつじん》」が統治する独裁政が一番いいと言っているのです。

確かに、アテナイがもっとも発展したのは、ペイシストラトスが政治のトップの座にいた時でした。彼は僭主になるまではかなり暴力的なことをしていますが、僭主になってからは約三〇年間、安定した政治を行ない、民衆のために尽くしています。僭主であっても、公平な政治を行なえば民衆はついてくるし、国は繁栄するということです。

民主政を採らなかった理由

古代ギリシアの歴史家ポリュビオスは、国政にはいくつかの決まった政体があり、歴史のなかでは、それが繰り返されていくにすぎない、という「政体循環論」を述べています。そして、その代表として挙げているのがギリシアです。

ギリシアでは、まず一人の人間が率《ひき》いる「独裁政」が自然発生的に始まります。やがて「王政」に移行し、さらに集団で指導体制を取る「貴族政」が生まれます。しかし年月が経ち、その貴族たちが対立するようになると、その混乱を収める形で僭主が登場し、支配するようになります。この「僭主政」は、ペイシストラトスのような良い僭主は問題ありませんが、実際には悪い僭主のほうが多いので、僭主は民衆によって追われ、混乱のなかで「民主政」へと変わっていきます。

しかし、一見理想的に思える民主政も長く続くと、どうしても衆愚政治に変貌してしまいます。これにより、政治は再び混乱。その混乱を収める形で、再び独裁者による支配が行なわれます。ギリシアでは、この二度目の独裁者に相当するのが、マケドニアのフィリッポス二世とアレクサンドロス大王の親子です。

このように見ていくと、確かにギリシアの政治は循環しているように見えます。ところが、ローマでは「独裁政」「貴族政」「民主政」という三つの政体が循環するのではなく、「共和政」という大きな枠のなかで同時に存在し、絶妙のバランスを取っていた、とポリュビオスは述べています。そして、このことこそがローマが強く、そして巨大になっていった原因だと主張したのです。

ギリシアのポリスは政体が循環するなかで、「スタシス」と言われる政争や混乱をも繰り返したため、国民が内部の争いに疲弊《ひへい》してしまい、ポリスの外へ出て国を拡大していくことにはなりませんでした。もちろん、ローマも内部で権力闘争がありましたが、ギリシアに比べると、その規模も頻度もはるかに小さなものだったので、エネルギーをそこで消耗《しょうもう》することなく、国の拡大に向けることができたというのです。

ポリュビオスはもともとギリシアの知識人ですが、のちにローマに二〇年ほど滞在するので、ローマの社会というものを非常によく知っています。

確かに、ローマの共和政は、独裁政的な役割を持つ執政官と、貴族政的な意味を持つ元老院、そして民主政的な働きを持つ民会という三つの組織によって支えられています。ポリュビオスは、これを「混合政体」と言い、そのバランスの良さが、ローマが巨大帝国に成長した大きな要因のひとつだと言ったのです。

ローマでは、何か事《こと》が起きて判断と対処を迫られた時、細かいことは執政官だけの判断で行なうこともできましたが、大事なことは必ず元老院で審議されました。元老院で決まったことを実際に執行するのが執政官の仕事です。

その執政官は、民会によって選出され、元老院には選ぶ権限はありません。最高行政執行官である執政官は、あくまでも市民総会的役割を持つ民会において、市民の投票によって選ばれたのです。

このように、三つの権力がたがいの権力基盤となることで、どこかひとつに権力が集中しないしくみが、ポリュビオスの目には、非常にすぐれた国政のありように見えたのだと思います。

「祖国」を発明したローマ人

ポリュビオスが絶賛した、共和政ローマの絶妙な権力バランスは、独裁政を心底《しんそこ》嫌うローマ人が作り上げてきた反独裁のためのシステムです。このシステムによって、ローマは五〇〇年もの長きにわたり、共和政を維持したのです。

彼らがこれほどまでに独裁を嫌い、それを防ぐために執拗《しつよう》とも言えるほどのシステムを作り上げたのは、彼らが「ローマ」を愛していたからにほかなりません。現在は、どこの国でも「祖国」という言葉を使いますが、この「祖国」という意識こそ、ギリシア人ですら作り出し得なかったローマ人の〝発明品〟です。

ギリシア人も、自分たちのポリスに対しては、それなりの自負心と愛着心を持っていました。しかし、ローマ人の祖国に対する思いは、明らかにレベルが違います。ローマ人は、自分たちの作った「レスプブリカ（共和国）」を守っていくのだという明確な意識を持っていました。そして、その意識がもっとも前面に出たのがローマ軍なのです。

ローマの軍隊は、指揮官だけでなく末端の一兵士に至るまで、「祖国のために」という意識を持って戦いました。そこには、先述したように、密集隊形という戦闘方法のなかで強い団結心が育《はぐく》まれたこともありますが、それだけではローマ人の強い祖国意識を説明できません。

ギリシアでも同じような密集戦法を行なっているのに、ローマのような強い祖国意識は生まれていません。それでは、まったくなかったのかというと、そんなことはありません。ギリシア人にもポリスを思う気持ちや団結心はありました。しかし、ローマのような強烈なものではないのです。

ローマは農耕民族だったので土地に対する愛着心が強かったのだ、と言う人もいますが、当時はほとんどの国が農耕民族なので、ローマだけが突出した愛国心を持つに至った説明にはなりません。

私は時々、世界史のなかでもっとも「祖国」や「愛国心」を強く意識したのはローマ人だったのではないかと思うことがあるのですが、なぜこれほど強い「祖国」意識が生まれたのか、いまだ明確な答えを出すことができません。史料があまりにも少なすぎるというのが本音です。

共和政軍国主義

特筆すべきは、ローマとほかの国では、国の拡大方法が明確に異なることです。

当時、地中海世界で一般的に見られる国土の拡大方法は「植民《しょくみん》」でした。これはギリシアでもフェニキアでもそうですが、植民した土地、つまり植民地は、自分たちの仲間ではあるのですが、完全に独立した別の国です。

これに対し、ローマの拡大方法は離れた土地に植民活動を行なうのではなく、自分たちの国土と地続きの土地をじわりじわりと自分たちの領土にしていく方法でした。もちろん、ローマもある程度国が大きくなると、離れた場所に植民地を作っています。しかし、そこはあくまでもローマの支配下にあるローマの一部、と考えていました。

ローマ人は、ただひたすら祖国を強くすることしか考えていません。そのため、彼らは戦場で戦うことも死ぬこともいっさい恐れず、厭《いと》いません。そういう意味では、明らかに彼らは「個《こ》」よりもローマという「公《おおやけ》」を優先しています。それに対し、ギリシアは「公」よりも「個」を大切にします。

ポリュビオスは、ローマの政治についてはくわしい考察をしていますが、軍事についてはあまり言及していません。しかし、私は、ローマの共和政は軍事面を抜きに語れないと思いますし、ローマの共和政は「共和政軍国主義」と言うべきものだと考えています。

多くの人は、ギリシアと言うとアテナイの印象が強く、民主政が広く行なわれていたと思いがちですが、そのアテナイですら、民主政がまともに機能したのは五〇年程度にすぎません。広いギリシア世界全体で見ると、民主政が行なわれたのはほんのわずかのポリスにすぎず、ほとんどのポリスは僭主政でした。

僭主政では、祖国意識は育ちません。そのため、多くのギリシア人には祖国という観念がなく、自分たちのポリスに対しても、せいぜい自分はここの出身だ、という程度のものしか持っていませんでした。

ですから、ギリシアでは、あるポリスがほかの場所に植民地を作っても、そこを自分たちのポリスと一体のもの、という意識で見なかったのです。しかし、ローマは違います。ローマは、領土を拡大する時、最初にラティウム（現・イタリアのラッィオ州、「ラテン」の語源となった）を征服し、それからイタリア半島全域を征服していくというように、自分の足場を広げるような形で拡大していきます。その後、離れた場所に植民地を作ることがあっても、そこも、あくまでもローマのひとつの町と捉《とら》えました。

ローマが、常に土地のつながりを意識しながら「ローマの土地」を拡大していったのは、自分たちはローマ人である、という強い意識が根底にあり、どこにいても祖国というものを強く意識していたからでしょう。

こうした祖国への強い思いが、自分の命に代えても祖国を守るという強い気持ちにつながったことが、ローマが強かった最大の理由だと私は思います。

「祖国ローマを愛することは、祖国ローマのために戦うこと」

このふたつがイコールで結びついていることから、私はローマの共和政を考える際、「共和政軍国主義」という概念を提案したいのです。

（2）なぜ、ローマ軍は強かったのか？

ローマ軍の厳正な軍紀《ぐんき》

大帝国を築き上げたローマ。さぞかし、その軍隊は強く、連戦連勝だったに違いない。多くの人はローマの軍隊に対し、こうした「強い」イメージを持っているようですが、実際は必ずしも連戦連勝、負け知らずだったわけではありません。ローマ軍も、何度も負けていますし、失敗も挫折《ざせつ》も経験しています。

そんな常勝軍団とは言いがたいローマが、あれだけの大帝国を築くことができたのは、たとえ戦いに負けても、失敗しても、最後には勝利を勝ち取ってきたからです。では、ローマ軍に最終的な勝利をもたらした「強さ」の秘密とは何だったのでしょう。

最初に挙げられるのは、ローマ軍の軍紀（規律と風紀）が厳正だったことです。ローマの軍隊で、規律がどれほど厳格に守られていたのか、それを物語る話はいくつも伝わって

写真4　ローマ軍兵士

共和政期のローマ軍兵士（右）と帝政期の親衛隊兵士（左）
（右／パレストリーナ国立考古学博物館蔵、左／ルーヴル美術館蔵）

います。そのなかのひとつをご紹介しましょう。

紀元前四三一年、近隣のアエクイ族がローマに反乱を起こした時のこと。ローマはこの難局を乗り切るために、アウルス・ポストゥミウス・トゥベルトゥスを独裁官に任命しました。彼は自ら戦場に赴《おもむ》くと、人々の期待に応《こた》え、見事《みごと》に反乱を鎮《しず》め凱旋《がいせん》将軍となります。

しかし、この栄光の陰《かげ》で、ポストゥミウスは一緒に従軍した自分の息子を処刑するという厳しい決断を行なっていたのです。

なぜ、独裁官という最高権力者が、自分の息子を処刑しなければならなくなったのでしょう。理由は、戦闘に参加していた彼の息子が血気《けっき》に逸《はや》り、密集隊形・ファランクスから飛び出して、敵将を討《う》ち取ったからでした。

息子は敵将の首を取ると、全軍の将である父に自慢げに差し出します。しかし、父ポストゥミウスは喜ぶどころか、息子を厳しく叱責《しっせき》します。ファランクスから勝手に飛び出すことは、自らの持ち場を離れるという重大な規律違反だったからです。

日本人の感覚からすれば、功《こう》を挙げたのだから、規律違反を犯《おか》しても説諭《せつゆ》程度の処分で済ますのが妥当《だとう》と考えるのではないでしょうか。しかし、ローマ人は違います。重大な規律違反は、たとえ息子であっても許すことはできないと、ポストゥミウスは息子の首を刎《は》ねたのです。功を挙げることよりも、規律を守ることのほうが重要視されたのです。

もちろん、これは伝説なので、事実かどうかはわかりません。それでも、こうした伝説が語り継がれてきたということは、それだけローマ人が軍の規律というものを厳格に守るべきものと考えていたことの証《あかし》と言えるでしょう。

紀元前二三五年に執政官を務《つと》めたティトゥス・マンリウス・トルクァトゥスにも、これと似た話が伝わっています。それはマンリウスが騎兵《きへい》隊長だった時のこと。やはり、彼の息子が敵の隊長と一騎打《いっきう》ちに持ち込んで相手を打ち負かし、取った首を父の前に差し出し、自慢をしたのです。これも規律違反です。彼の場合は、持ち場を勝手に離れ、隊列を乱したわけではないのですが、勝手に敵と一騎打ちをするのはローマ軍では規律違反だったのです。規律違反を犯した息子に対し、マンリウスもまた処刑という厳しい処分を下しています。

興味深いのは、かつて、マンリウスも一騎打ちで敵将の首を挙げていることです。しかし、父と子の結果は同じでも、プロセスが違っていました。マンリウスは、きちんと軍団の許可を得てから、一騎打ちに持ち込んでいたのです。

ローマ人は、英雄的行為を賞賛しますが、それはあくまでも周囲から認められる環境で行なわれた場合のこと。これ見よがしに自分の強さを見せつけるような行為は、むしろ独裁につながるものとして警戒したのだと思います。だからこそ、一騎打ちには軍団の許可を必要とする、というようにスタンドプレーを禁止する規律が設けられ、厳格に守られたのです。

ローマ軍が採用した「密集隊形」

ローマ軍が、場所や相手に応じて戦い方を変化させたことも、その強さの理由です。

さきほど、ローマの共和政は「共和政軍国主義」と言うべきもので、祖国意識の強いローマ人が「ファランクス」という密集隊形で戦うことによって、より強い団結心を育んだと述べました。

しかし、最初から密集隊形で戦っていたわけではありません。建国当初は、一騎打ちが主流でした。ローマがギリシアに倣《なら》い、完全武装した重装歩兵が密集隊形で戦うファランクスを採用したのは、王政後期と考えられています。

密集隊形は「ケントゥリア［centuria］」という単位によって構成されていました。ケントゥリアは、英語「センチュリー［century］」の語源となったラテン語で、「一〇〇人の集まり」を意味します。そのため、日本では「百人隊」と訳されることもあるケントゥリアですが、実際のファランクスは六〇人がひとつの軍団の単位だったようです。

密集隊形で戦うと言うと、歩兵集団がひとかたまりになり、ブロックごとにぶつかり合うようにして戦う姿を想像するかもしれません。実際、マケドニアの密集隊形では、サリッサという六メートルもある長い槍《やり》を用い、敵よりも有利なリーチを保つ戦いを展開しました。このマケドニアスタイルは、ペルシアを滅ぼし大帝国を築いたことで知られるアレクサンドロス大王の父、フィリッポス二世が創始したものですが、ローマに敗れるまで古代地中海世界最強を誇ったと言われています。

ちなみに、マケドニアスタイルでは、六メートルもある槍を本当に戦闘に使えたのかと長い間、疑問視されてきました。しかし、最近イギリスで、オックスフォード大学やケンブリッジ大学のラグビー部の学生に実際に長い槍を持ってもらい検証したところ、体力のある若者であれば、かなり自在に動かせることが確認されました。

こうしたマケドニアスタイルに比べ、ローマのファランクスはさらに機能的な戦闘法を展開していました。

まず、ファランクスの前に若く機敏な新兵が配されます。これは敵の最前列を崩《くず》すためのもので、それには若くすばやい動きができる兵が最適でした。彼らによって敵がすこし散らばったところに、ファランクスの第一列目が進み出て戦います。

ローマのファランクスが機能的なのは、ここで第一列目の兵がずっとがんばるのではなく、ある程度戦うと撤退して第二列目の兵と入れ替わることです。ファランクスに戻った第一列の兵は、兵士の間をすり抜けるようにして最後尾に回ります。第二列もしばらく戦うとまたファランクスの最後尾に回り、次に第三列が戦い……とローマのファランクスはひとかたまりではなく、一列ずつ順番に戦ったのです。

これは、織田信長《おだのぶなが》が長篠《ながしの》の戦いで行なった鉄砲の三段撃ちに似ています。この戦法の利点は、兵士が疲れきる前に後方に退《しりぞ》くために適度な休憩《きゅうけい》が取れること。相手は、敵にダメージを与えたと思っても、またすぐに元気な兵が前線に上がってくるので、ずっと元気な兵と戦わなければならず、重圧がかかります。

こうしたファランクスを主とした戦い方は、共和政の半ば頃まで続きます。

ローマ軍の臨機応変《りんきおうへん》な戦法

ローマが、この密集隊形を変えたのは戦場の変化が関係しています。密集隊形は平地での戦いには向いていますが、山地など複雑な地形での戦いには向かないのです。

ローマ軍が戦闘方法を変えた時期は、山地のサムニウム人たちと戦争を始めた頃です。

山地ではゲリラ戦のような戦いになることも多く、より機能的な動きが求められました。そこで考案されたのが「マニプルス［manipulus］」と呼ばれる中隊です。

マニプルスは、人数的にはケントゥリアをいくつか組み合わせたものですが、戦場に合わせてマニプルスを配置し、それぞれをマニプルス単位で動かすという臨機応変な戦法を採ることで、ローマ軍はさらに強くなりました。

ちなみに、非常に巧《たく》みに動くことを意味する英語「マニピュレーション［manipulation］」は、このマニプルスが語源です。戦史ではマニピュレーションという言葉が「悪を操作する」という意味で使われることがあるほど、マニプルス導入後のローマ軍は圧倒的な強さを見せるようになりました。

ローマ軍と言うと、映画『ベン・ハー』のイメージから派手な戦車戦を想像する人もいるようですが、実際の戦場ではあのような戦車が使われることはほとんどなかったと考えられています。戦車は、中東地域に見られる砂漠や平原での戦いには力を発揮しますが、ギリシアやローマのような起伏《きふく》のある場所ではあまり役に立たないからです。

おそらく、あの戦車はシンボリックな意味合いのほうが強く、将軍が戦場に赴く時や凱旋パレードをする時などに使われるのが主だったのでしょう。

ローマ軍は戦場で戦車を使うことはありませんでしたが、騎馬隊《きばたい》はそれなりに使われていました。ただし、騎兵は馬を持たなければならず、装備に多額の費用がかかります。そのため、騎兵になれるのは身分も高く資産も多い一部の貴族に限られていました。全体に占める割合も小さく主戦力にはなりませんでした。

現代では、兵士の装備は国が負担しますが、当時はどこの国でも「武具は自前」が基本です。ローマも共和政後期になると、「パトロヌス」と「クリエンテス」の関係のなかで、装備が支給されましたが、重装歩兵が中心だったこの時代は、完全に兵士個人の自前でした。

普通の重装歩兵でも装備にはそれなりの費用がかかるため、ローマ市民でも富裕層でなければ、戦争に参加したくても参加できないのが実情でした。それだけに、自分で武具を揃《そろ》え、戦争に参加する市民は、国防の担《にな》い手《て》であるという自負と共にそれなりの発言権を持っていました。

国防に参加するということが、どれほど国民の国政に対する意識を高めるのか、ギリシアにとても興味深い事例があります。

ギリシアも、最初は国防意識の高く、ある程度裕福な人々が自前で戦争に参加していました。それが変化したのは、紀元前五世紀のペルシア戦争です。サラミスの海戦に象徴されるような大型船で戦う必要性が生じ、下層民を船の漕《こ》ぎ手《て》として駆り出すようになったのです。

ギリシアでは、これ以前にクレイステネスの改革があり、民主政が導入されていましたが、戦争に参加することがなかった下層民は国政に対する興味も意欲も薄く、あまり機能していませんでした。それが、ペルシア戦争によって下層民まで戦争に参加するようになったことで、下層民のなかにも「国防の担い手となった」という自負が生まれ、民主政がうまく回り始めたのです。

ローマも、最初は重装歩兵が主だったため、ある程度財産を持つ者しか国防に参加できませんでした。それがマニプルスという中隊が中心になるにしたがい、装備も軽装になり、下層市民たちも歩兵として国防に参加できるようになっていきました。

マニプルス中心の戦いはどちらかというと散開方式です。つまり、いくつかの隊がバラバラに行動するようになったことで、より機動力が求められるようになり、それに伴い装備もより軽く、より動きやすいものへと改良されていきました。

このように、ローマの軍隊は、古典的な一騎打ちから始まり、ギリシア、エトルリア系の密集隊形を採用して団結心を育て、それをさらに時代や戦場に合わせて戦法も装備も改良していくことで、機能性を高め、さらに強くなっていったのです。

ローマ軍の本当の強さ

ローマ軍の強さの秘密はこれだけではありません。これを示すのが、アッピア街道（写真5）を造ったことで知られるアッピウス・クラウディウス・カエクスが残した「ローマ人は困難な時ほど強いのだ」という言葉です。

困難な時ほど強いということは、ローマが何度も困難に直面しながらも、最終的に勝利を手にしてきたということ。つまり、ローマの強さは、負けない強さではなく、マイナスをプラスに変えていく強さだとアッピウスは言っているのです。

負けないというのは一見《いっけん》、良いことのように思いがちですが、人間は勝ちが続くとどう

写真5 アッピア街道

紀元前312年、敷設《ふせつ》開始。敷石《しきいし》には硬《かた》い火山岩が使用された。その多くは元の状態のまま保存され、現在も使用されている

しても慢心《まんしん》します。慢心は油断を生み、取り返しのつかない失敗を招くことにつながります。

ですから、負けないよりも、適度に負けたり失敗したりすることで反省し、マイナスをプラスに転じてきた人のほうが、結果的には強くなります。

では、なぜローマはマイナスをプラスに変えることに長《た》けていたのでしょう。

それは、ローマ市民一人ひとりが国防の担い手であり、一人ひとりが強い熱意と誇りを持って臨《のぞ》んでいたからです。ローマ人の強い国防意識は、紀元前二八〇～同二七五年、ローマがピュロス率いる

ギリシアの連合軍と戦ったピュロス戦争でも示されました。もともと、イタリア半島南部に植民ポリスを展開していたギリシアは、じわりじわりと勢力を拡大していくローマを苦々《にがにが》しく思っていました。その時、イタリア半島南部の港湾都市タレントゥム（現・イタリアの都市タラント）でギリシア人とローマ人の争いが起きます。

この争いがきっかけとなり、ローマ軍はタレントゥムを攻略します。タレントゥムは、ギリシアの植民都市マグナ・グラエキアの一部でしたが、マグナ・グラエキアの武力だけではローマ軍に敵《かな》わないのは明らかでした。そこで、マグナ・グラエキアは、対岸に位置するギリシア北西部エピロスの王ピュロスに援軍を要請します。

「戦術の天才」として名高いピュロスは、アレクサンドロス大王を気取る野心家でした。マグナ・グラエキアからの要請を受けると、すぐに二万の兵と二〇頭の戦象《せんぞう》を率いてローマを叩《たた》くためにイタリア半島に侵入しました。

ローマ軍はピュロスの戦術もさることながら、この戦象に苦しめられました。象を使った戦いでは、第二次ポエニ戦争のハンニバルが有名ですが、約七〇年前のピュロスとの戦いにおいて、すでに戦象に苦戦させられていたのです。

ピュロスは優勢に戦いを進め、やがてローマに講和を迫ります。ローマは苦戦を強《し》いられていたにもかかわらず、けっして講和に応じようとはしませんでした。ピュロスは、ローマに派遣した講和使節から「ローマ市民は祖国を守るために、誇りを持って最後まで戦い続けるだろう」という思いがけない報告と共に、次のような言葉を聞きます。

「私には、元老院は数多くの王者の集まりのごとく見えました」

つまり、ローマの元老院貴族は、一人ひとりがまるで王であるかのような威厳に満ちていたというのです。さらに、見識の高い元老院議員だけでなく、民衆の国防に対する熱意が非常に高いことも伝えられたのです。

ローマ人を奮《ふる》い立たせた演説

強烈な国防意識は、現代人である私たちにとってネガティブに捉《とら》えがちな価値観ですが、この時代においては、市民一人ひとりが嫌々《いやいや》させられていたのではなく、市民自ら祖国を守るために立ち上がるという熱意を持って戦争に臨んでいたのです。

実は、戦局が悪くピュロスが講和を申し入れてきた当初、ローマは講和に傾《かたむ》いていました。その空気を覆《くつがえ》し、ローマ市民の気持ちを講和拒否、徹底抗戦にまとめあげたのがアッピウス・クラウディウスの演説です。

「ローマ人は困難な時ほど強いのだ」と言ったアッピウス・クラウディウスは、この時すでに老人で、目を患《わずら》い視力もほとんど失われていたと言います。それでも彼は、元老院で「どうしても話したいことがある、俺に喋《しゃべ》らせてくれ」と言い、息子に手を引かれて前に進み出ると、次のように語りかけました。

「わしはもはや目は見えないが、耳も聞こえなければよいと思うほどだ。あんなピュロス風情《ふぜい》の和平に応ずるとは何事なのか。ローマの名声を台無《だいな》しにすること、はなはだしい。常日頃《つねひごろ》、諸君が全人類に言いふらしていた文句はどこに行ってしまったのか。『もし、かのアレクサンドロス大王がイタリアにやって来て、われわれの父祖と戦っていたとしたら、今頃彼は無敵と讃《たた》えられるどころか、敗走して、ひょっとしたら命を落としていたかもしれないのだ』と。あの気概《きがい》はどうしたのだ」

この演説に心を動かされたローマ市民は、講和を拒否し、最終的には、戦いによってピュロスをイタリア半島から追い出すことに成功したのです。

敗戦将軍をも受け入れるローマ軍

ローマがマイナスをプラスに変えることに長《た》けていた理由は、もうひとつあります。これはギリシア人とローマ人の大きな違いでもあるのですが、ギリシア人は敗戦将軍をけっして認めないのに対し、ローマ人はたとえ敗戦将軍であってもそれが勇気ある戦いをした結果であれば迎え入れたのです。

たとえば、ギリシアの歴史家トゥキディデス。彼は、ペロポネソス戦争を実証的に綴《つづ》った『戦史』の著者として有名ですが、元はペロポネソス戦争に参加した将軍の一人です。それが紀元前四二二年、トラキアのアンフィポリス近郊で敗北すると、そのままギリシアへは帰らず、亡命してしまいました。

彼が逃亡したのは、アテナイに戻っても受け入れてもらえないことがわかっていたからです。ギリシアでは、敗戦将軍は良くて追放、悪ければ処刑です。ですから、ギリシアの敗戦将軍はみんな祖国に帰らず、戦場から逃亡するのが当たり前になっていました。

しかし、ローマは違います。紀元前二一六年、第二次ポエニ戦争における会戦のひとつカンナエの戦いで、ローマはカルタゴに大敗北を喫《きっ》します。ローマ軍の死者数は七万とも言われており、壊滅状態です。たった一日で、これほど多くの死者を出した戦闘は世界史でも類例がなく、第一次世界大戦以前では唯一、あるいは広島の原子爆弾以前でもこの戦い以外にはなかったと言う研究者さえいます。

ローマ軍を壊滅させてしまった敗戦将軍ガイウス・テレンティウス・ウァッロ。ギリシアならば、当然のごとく処刑されていたでしょう。しかし、ローマは彼ですら受け入れているのです。

なぜ、ローマ人は敗戦将軍を受け入れたのでしょう。

それは、敗北したことによる屈辱感《くつじょくかん》で、敗戦将軍はすでに十分な社会的制裁を受けていると考えたからです。もちろん、どんな人物でも受け入れたわけではありません。最初から逃げるような将軍は当然、受け入れません。最後までがんばったけれど、どうしようもなくなって逃れてきたという将軍を受け入れたのです。

そして、ここがローマの強さにつながっていると思うのですが、ローマ人は敗戦将軍を許し、ただ迎え入れただけでなく、機会があれば再び将軍に任命し、雪辱《せつじょく》のチャンスを与えるのです。

なぜなら、屈辱を経験した人間はそれをバネに努力し、失敗した人間はそこから学ぶので、次の機会には必ずやそれまで以上の力を発揮し、結果を出すと考えたからです。事実、ウァッロもその後、再び兵を率いて戦地に赴いています。

ローマが、負けても失敗しても最後には勝利をつかんだのは、一度の失敗でその人を評価せず、人の可能性を信じ、再起のチャンスを与え続けたところにあったのだと思います。

防衛大学校で教えられている、カンナエの戦い

実は、カンナエの戦いはローマ軍八万に対しカルタゴ軍は五万と、兵士の数ではローマ軍のほうがはるかに勝《まさ》っていました。この明らかな戦力の差を覆し、ローマを大敗させたカルタゴの戦術は、模範戦術のひとつとされ、今でも防衛大学校の教育課程で取り上げら

れているほどすぐれたものでした。

カルタゴ軍を率いていたのは名将ハンニバル。彼は、歩兵を中央・ピラミッド型に、その両側に騎兵を配置しました。歩兵はローマのほうが圧倒的に多かったのですが、騎兵の数はカルタゴのほうが勝《まさ》っていました。三角形の陣形を敷《し》いたカルタゴ軍に対し、数で勝るローマ軍は、通常の四角形の陣形で真っ向から攻めていきました。

ローマ軍が攻め寄せてくると、カルタゴ軍の中央に位置する歩兵は巧《たく》みに、まるでローマ軍に力負けしているかのように下がりました。実は、これはわざと行なっていました。ローマ軍は、敵は自分たちの勢いに押されて後退していると思い込み、どんどん攻め込みます。ところが、ふと気がつくと、両翼のカルタゴ騎兵が前進し、ローマ軍は取り囲まれていたのです。騎兵と歩兵では圧倒的に騎兵のほうが強く、ローマ軍は完全に包囲され、逃げ場のない状態に追い込まれ、殲滅《せんめつ》されました。

まさに、少ない兵力で強大な敵を倒すためのすぐれた作戦でした。十九世紀初頭にヨーロッパを席巻《せっけん》したフランス皇帝ナポレオン・ボナパルトも、この戦法に学び、踏襲したと言われています。

図表4 カンナエの戦い

①ローマ軍とカルタゴ軍の布陣

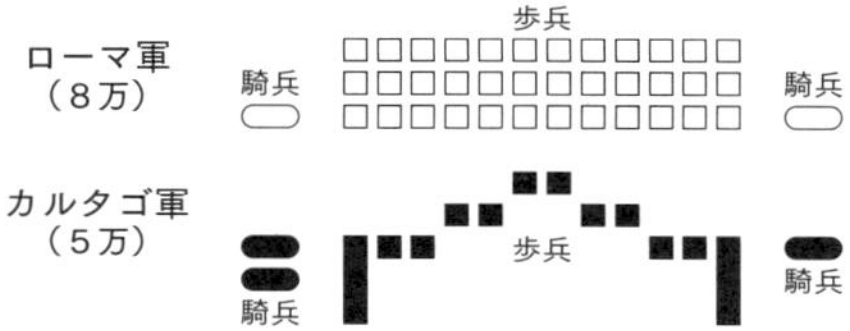

②中央のローマ軍歩兵が前進、これに押されて(フリをして)、中央のカルタゴ軍歩兵が後退。両翼のカルタゴ軍歩兵と騎兵は前進する

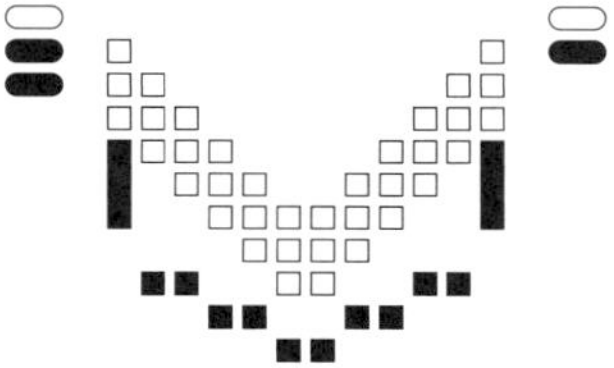

③カルタゴ軍騎兵がローマ軍騎兵を駆逐する

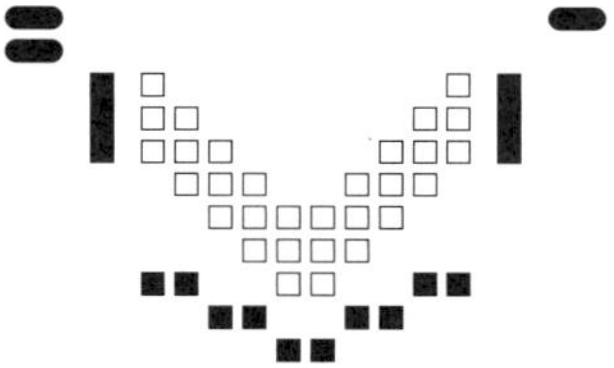

④カルタゴ軍騎兵はローマ軍の背後に、カルタゴ軍歩兵がローマ軍の左右に回り込み、ローマ軍を完全包囲した

敗戦から学んだスキピオ

勝利を手本として学ぶのは、いつの世にも見られる常道《じょうどう》です。ローマ人も先人《せんじん》の勝利に多くを学びました。しかし、ローマ人がそれ以上に学んだのが敗戦や失敗からでした。

たとえばスキピオ・アフリカヌスは、カンナエの戦いの一四年後、紀元前二〇二年のザマの戦い（写真6）で、ハンニバル率いるカルタゴ軍を打ち破り、第二次ポエニ戦争における最終的な勝利をローマにもたらした英雄ですが、まさに敗戦から学ぶことで勝利を得た人物の好例と言えるでしょう。

明確な証拠はありませんが、スキピオはカンナエの戦いに参加し、かろうじて生き残った者の一人だったのではないかと考えられています。彼がカンナエの戦いに参加していたとすると、まだ二〇歳くらいですから、一兵卒だったでしょう。たとえ一兵卒でも、実際に戦いに参加してハンニバルの戦略を見ていたからこそ、ザマの戦いであれほど見事にハンニバルを破ることができたのではないか、と思うのです。

カンナエの戦いでローマが敗れたのは、ひとつには数で勝っていることに油断し、やみくもに突っ込み、後退する相手を深追いしたからです。しかし、スキピオはもうひとつ、

写真6　ザマの戦い

スキピオ・アフリカヌス（大スキピオ）が率《ひき》いたローマ軍が、名将ハンニバルの率いるカルタゴ軍に勝利、第２次ポエニ戦争の趨勢《すうせい》を決定づけた　（プーシキン美術館蔵）

大敗した要因を学んでいました。それは、騎兵の数が劣っていたことです。

そこで、スキピオは、ザマの戦いの前に北アフリカのヌミディアから多くの騎兵を補充し、騎兵の強化に力を注ぎました。

ザマの戦いにおける両軍の戦力は、ローマ軍が歩兵三万四〇〇〇人、ローマ騎兵二〇〇〇人、ヌミディア騎兵六〇〇〇人の合計四万二〇〇〇人。カルタゴ軍が歩兵五万人、騎兵が三〇〇〇人、戦象八〇頭だったとされています。

歩兵ではカルタゴ軍が勝り、騎兵で

はローマ軍が勝るという、カンナエの戦いの逆の状態です。こうして、カルタゴ軍を上回る数の騎兵を周囲に配置したローマが、ザマの戦いで勝利したのです。

しかし、スキピオがハンニバル率いるカルタゴに勝つことができたのは、戦略と騎兵の工夫だけではありません。スキピオは、周到な下調べをした上でカルタゴに侵攻したことがうかがえます。

会戦が行なわれたザマは、カルタゴの本拠地で現在のチュニジアの北部に位置します。本国を遠く離れた敵地での戦闘は、兵站《へいたん》など不利な点が多く、好んでは行なわないのが普通です。しかし、スキピオは、あえてカルタゴ本国で決着をつけることを主張しました。当然、元老院は彼の作戦には反対します。

それでも、スキピオは譲《ゆず》りませんでした。最終的には元老院の許可を取りつけますが、「おまえが大将として兵を率いるのはもちろん、人集めから物資の調達まですべて自分でやれ」と、ある意味とても意地悪な形で任《まか》されました。

当時、スキピオは二〇代後半、この時代では一人前の年齢ですが、元老院貴族たちから見ればまだまだ〝若造〟です。現在ならば、企業の重役会議で、現場の四〇代の課長クラスが進言するようなものです。しかし、これは若く血気《けつき》に逸《はや》った主張ではなく、十分な勝算があったからこその主張でした。

スキピオは、カンナエの戦い以降、カルタゴ領であるイベリア半島で戦いを繰り返しています。イベリア半島はカルタゴが植民地として開発した土地ですが、最初はバルセロナの語源でもある「バルカ一族」の土地でした。ハンニバルは、このバルカ一族の出身です。イベリア半島でカルタゴ軍と戦いを繰り返すなかで、スキピオは、この土地で生活する人々にとってはカルタゴもローマもしょせんは異民族にすぎないことを知ります。

そこで、スキピオは勝利を手にするために、さまざまな方法で現地の人々の心をつかむ努力をします。

たとえば、イベリア半島の南部カルタゴ・ノウァ（現・スペインの都市カルタヘナ）を攻略した時のこと。スキピオは、現地の人々から一人の美しい娘を差し出されたのですが、その娘に婚約者がいることを知ると、金銀を持たせて娘を婚約者の元へ返しています。現地の人々はこのスキピオの行為に感激し、心からの恭順《きようじゆん》を示すようになりました。

また、遠いイベリア半島では、ローマ本国から兵を補充することが難しいため、スキピオは攻略した現地の人々を招集したのですが、彼らに自分の能力を信じさせるために、あることをしています。

何をしたかというと、行軍《こうぐん》の途中に海辺の道を通る際、あらかじめ潮《しお》の引く時間を調べておき、わざとその時間に通るようにして、兵士たちが水があって渡れないと怖がっている時に、潮が見る見る引いていくという、まるで彼が奇跡を起こしたかのようにして見せたのです。

男の嫉妬《しっと》に敗れたスキピオ

美しい娘を婚約者に返したのも、潮の満ち引きを利用したのも、すべて現地の人々の心をつかむためのスキピオの策略です。そして、もともとカルタゴに忠誠心を持っていたわけではない現地の人々は、次々とスキピオの味方になっていきました。

このようにして、イベリア半島のローマ支配を確立させたスキピオは、ローマに戻ると市民の絶大な支持を得て執政官になります。その上で、元老院でカルタゴ本国を一気に叩き、第二次ポエニ戦争に決着をつけることを主張したのです。

元老院から渋々《しぶしぶ》ながら、カルタゴ遠征許可を得たものの、元老院の手助けを得られなかったスキピオは、ローマとカルタゴの中間に位置するシチリア島で若い兵士を集め、時間をかけて訓練し、ザマでの決戦に向かうのです。

目論見《もくろみ》通りカルタゴを倒し、第二次ポエニ戦争を終結に導《みちび》いたスキピオがローマに凱旋《がいせん》すると、市民は彼を「救国の英雄」として讃《たた》え、終身執政官、さらには終身独裁官になるよう何度も提案しました。スキピオは用心深くこれらの提案を固辞し続けましたが、そうした成功を快《こころよ》く思わない一人に、スキピオと同年代のカトーがいました。

カトーは国粋主義者で、道徳や倫理にも非常にうるさい人でした。対してスキピオは、ギリシアかぶれで服装も派手好き、規律に対してもややルーズなところがあり、兵士に対してあまりうるさいことは言わず自由にさせていました。好意的に見るなら、ふだんの些《さ》末《まつ》なことは気にせず、いざという時にどうすれば力を発揮できるかに集中するタイプです。

こうした性格の違いから、ほぼ同年代でありながらスキピオとカトーは若い時からおたがいにあまり良い印象を持っていませんでした。特に、〝堅物《かたぶつ》〟のカトーはもともとスキピオを嫌っていましたが、ザマの戦いでスキピオが勝利を収め、市民の絶大な支持を得ると、その感情に拍車がかかるようになります。

スキピオのほうはカトーをあまり意識した節《ふし》がなく、おそらくは成功したスキピオに対するカトーの一方的な嫉妬《しっと》だったのだと思います。しかし、男の嫉妬ほど恐ろしいものはありません。

カトーはスキピオの弟、スキピオ・アシアティクスがマケドニア遠征を行なった際の使途不明金を発端に、スキピオ弾劾《だんがい》裁判を起こし、ついに彼を失脚に追い込んでしまったのです。

スキピオからすれば、使途不明金はあったかもしれないが、端金《はしたがね》にすぎないのだから大した問題にはならないと思っていたようです。しかし、カトーが執拗《しつよう》に追及した結果、有罪にはならなかったものの、ダークイメージがついて失脚してしまったのです。

「俺が国を救ったんだ」という強い自負を持っていたスキピオは、このローマ市民の心変わりがどうしても許せませんでした。「スキピオ家の墓にも入りたくない」と言い、ローマを出ると二度と戻りませんでした。

敗戦に学び、周到な準備をして、名将ハンニバル率いるカルタゴを破ったスキピオも、身近な人間の嫉妬と独裁を嫌うローマ市民の前に敗北したのです。

カルタゴは、なぜ敗れたか

ローマは、カンナエの戦いで七万人の兵士を失いました。しかし、カルタゴの立場から、カンナエの圧倒的勝利からザマの敗北に至る流れを見ると、ひとつの疑問が浮かびます。それは、なぜカルタゴはイタリア半島南部のカンナエで圧勝した時、そのままローマに攻め込まなかったのか、ということです。

実は、カルタゴは攻め込まなかったのではなく、攻め込めなかったのです。

なぜなら、周囲の国々が、ローマの大敗を知っても、ローマからカルタゴに寝返ろうとはしなかったからです。なぜ、周囲の国々はローマを支持し続けたのでしょうか。ここで気をつけなければならないのは、ローマ軍はカンナエでは壊滅状態になってもローマ軍そのものが壊滅したわけではない、ということです。

ローマ市の人口は、この時点（紀元前三世紀の終わり）で約四〇〜五〇万人。はっきりした記録が残っているわけではないので、正確な数字ではありませんが、そのなかで兵士になり得る成年男子《せいねん》に限ったとしても、二十数万人程度はいた計算になります。

さらに、ローマの場合、どこまでを「ローマ」とするか、どこまでを「同盟国」とするかという問題はありますが、ローマは領土の拡大に伴い、ローマ市民権もどんどん付与したため、ローマ市に住んでいなくてもローマ市民権を持つ人、別の言い方をすればローマ兵士となり得る人はたくさんいました。ですから、カンナエの戦いでさえ、ローマにとっては兵力の三分の一、あるいは四分の一程度を失ったにすぎないのです。

周囲の国々は、ローマにはまだまだ余力があることを知っており、カンナエで大敗したとはいえ、そのままローマが弱小国になるとはどうしても思えなかったのです。逆にカルタゴは、一度か二度、ローマに敗れたらそのまま滅亡してしまう危険性が高い。ローマからそのような国に乗り換えることはあまりにも危険です。

さらに、ローマは、アッピア街道の造成など、以前から組織的な国づくりをしており、ダメージから回復するスピードも速く、次の遠征を考えた時も兵站《へいたん》力などにおいて明らかに有利でした。アッピア街道が造られたのは紀元前三一二年、敷設を進言したのは、その名前からもわかるようにアッピウス・クラウディウスでした。

実は、アッピウスが街道敷設を提案した時、元老院は反対しました。なぜなら、自分たちにとって便利な道路を造るということは、視点を変えれば、敵が攻める時に利用される恐れがあり、とても危険だからです。

しかし、アッピウスは常にプラス思考により、敷設を押し切ります。彼は道路だけでなく、水道（アッピア水道）も造っています。水道も、やはり道路と同じように便利ですが、もし敵が水路に毒を盛ったら、と考えれば危険性はあるわけです。

水道にしても道路にしても、人間が快適な生活をするためには欠かすことのできないインフラ（＝インフラストラクチャー。公共施設）です。マイナス面が考えられても、あえてプラスの面だけを考え、大規模なインフラ整備をしていったのは、そこに自国が発展していくことへの揺るぎない自信があったからでしょう。

事実、インフラ整備がローマを発展させると共に、このような危機においてはローマの勝利を助けることにつながりました。祖国の発展を信じるローマ人のポジティブな思考、これもまたローマの強さを下支《したざさ》えするもののひとつです。

「ホノル」のために戦う

かつて、戦時下の日本で「名誉の戦死」という言葉が使われましたが、共和政軍国主義のローマでも、勇敢に戦って死ぬことは、日本以上に「名誉」として扱われました。

軍国主義の社会ではどこでもそうですが、国家のために命を惜《お》しまず奉仕することを是《ぜ》とする滅私奉公《めっしほうこう》的な価値観が生まれます。ローマも例外ではありません。例外どころか、ローマが一番成功したのはその部分だったのではないか、と言われているほどなのです。

ローマ人は名誉を非常に重んじました。これは、ローマ人が「父祖の遺風」に恥《は》じない人物になるよう、幼い頃から強く刷り込まれたことと深く関係しています。

「ローマ国家は古来の遺風と人から成る」とは、哲学者としても名高いローマの政治家マルクス・トゥッリウス・キケロの言葉です。ローマ人にとって父祖の遺風は、日本の武士にとっての武士道と同じか、それ以上に強いものだったと私は考えています。

ローマ史を読み解くキーワードの「父祖の遺風」でも触れましたが、ローマでは、ある程度以上の貴族の家には、必ず父祖の彫像がありました。日本でも先祖の写真を仏間に飾ることがよくありますが、決定的に違うのは、ローマ貴族はそうした父祖の彫像を見ながら、常に父祖がいかに立派な人物だったかという話を聞かされて育つということです。

この結果、ローマの貴族は、父祖の遺風に恥じない行動を取るよう周囲から求められるだけでなく、自らも手柄を挙げ、子孫の誇りとなるべく努力をするようになります。

こうしたローマ人の特性は言葉にも残っています。英語で名誉を意味する言葉「オナー[honor]」の語源となったラテン語「ホノル」には、「名誉」という意味のほかに「公職」という意味もあります。これは、ローマ人にとって公職に就くことがそのまま名誉を意味することを表わしています。

名誉を挙げ、それなりの地位に就くことがローマ人にとっては、「父祖の遺風」に恥じない人物と認められることだったのです。ローマにおいて勇敢に戦って戦死をすることが名誉とされたのも、それが「国家＝公《おおやけ》」に対する究極の奉仕と見なされたからでした。

しかし、いくら名誉でも死んでしまったら残された者の生活はどうなるのか、と思うかもしれません。しかし、心配ありません。当時としては珍しいことに、ローマではかなり早い段階から、戦死遺族に対する年金制度が確立されていました。この制度が、兵士のどのランクまで適用されていたかは不明ですが、ある程度以上の身分の兵にこの制度が適用されていたことはまちがいありません。

権威をもって統治せよ

人々が「ホノル」を目指してはげむローマ社会において、その頂点に立つ為政者《いせいしゃ》に求められたのが「アウクトリタス［auctoritas］」でした。これは訳せば「権威」になりますが、ローマ人がこの言葉に込めていた内容は、もうすこし複雑です。

ローマには「政治を行なう者は権威をもって統治せよ」という言葉があるほど、「権威」を重んじました。

彼らが言うアウクトリタスには、もちろん権力、財産、家柄なども含まれますが、なかでも重視したのが「戦争における武勲《ぶくん》」、さらにこれは家柄とも関係するのですが、今の言葉で言えば「オーラ」「カリスマ性」とでも言うべき「目には見えないけれど、歴然と人を圧《あつ》するもの」を持っていることでした。

時代的にはすこし先のことになりますが、ローマの初代皇帝となったアウグストゥスは帝位に就いた時、ローマ市民に対して、次のように述べています。

「私は権力においてはほかの人とはあまり変わらない。では、私はほかの人たちと何が違うのか。私はアウクトリタスにおいて万人に勝《まさ》っているのだ」

つまり、権力ではなく権威を強調したのです。彼が権力はほかの人と変わらないと言った背景には、前為政者カエサルが権力を行使しすぎて失敗したことがあります。このため、アウグストゥスは、自分はそれほど大きな権力を持っているわけではないと人々を安心させつつ、自分には為政者にふさわしい権威があると主張したのです。

権力と権威を区別するというのは、何もアウグストゥスが言い出したことではありません。もともとローマ社会のなかで、権力とは別に、権威を重視する意識が明確に存在していたのです。

アウクトリタスのなかで最大のものとされたのは、さきほど述べたように、武勲とカリスマ性ですが、アウクトリタスにはほかにもさまざまな要素が含まれていました。

たとえば、服装や威厳に満ちた立《た》ち居《い》振る舞い、さらには立派な体格や教養も、そのひとつと見なされました。時代的にはローマよりあとですが、中世ヨーロッパの王は、権力重視で教養の有無はあまり問われませんでした。しかしローマでは、少なくとも共和政期の貴族においては、教養は必須のものでした。

当時の文化的先進国は何と言ってもギリシアであり、現代の私たちが教養のひとつとして英語を身につけるのと同じような感覚で、ギリシア語の習得が行なわれました。当時の貴族たちは、子どもにギリシア人の乳母をつけるなどして、幼い時からギリシア語を学ばせたために、ある程度の年齢になれば、貴族の子どもはみんなギリシア語を話すことができました。

こうした視点から、最近の日本の首相を見ると、権威よりは権力というイメージが強いように思います。血筋や家柄が良くても、その発言を聞いていると、残念ながらあまり威厳というものが感じられません。そういう意味では、日本人は歴史上の貴族や将軍もそうですが、その人物の権威よりも血筋を重視したと言えるでしょう。

もちろん、ローマでも血筋も権威の大切な一要素ではありましたが、いくら血筋が良くても、当人が大したことができなければ、侮《あなど》られ見向きもされなくなるのが当たり前でした。

カルタゴは、なぜ徹底的に破壊されたか

カルタゴとローマは計三度、戦争を繰り返しました。

シチリア島を巡る二〇年の長きにわたった第一次ポエニ戦争（紀元前二六四～同二四一年）は、ローマの粘《ねば》り勝ち。ハンニバルに苦しめられた第二次ポエニ戦争（紀元前二一八～同二〇一年）も、スキピオによって、ローマは最終的な勝利を収めました。

二度にわたりローマに敗れたカルタゴですが、ローマが課《か》した賠償負担があるにもかかわらず、貿易大国だったカルタゴは、ローマの想像以上にすばやい回復をはたします。このカルタゴの回復力に脅威を感じたローマは、やがてカルタゴ殲滅《せんめつ》を掲げて第三次ポエニ戦争（紀元前一四九～同一四六年）に踏み切ります。

この時、カルタゴ殲滅を強く主張したのは、第二次ポエニ戦争の英雄スキピオを弾劾したカトーでした。カトーがカルタゴに脅威を感じたエピソードとして、次のような話が伝わっています。

カトーがチュニジアに行った時のこと、そこにはたわわに実《みの》ったイチジクの木が茂っていました。その光景を見たカトーは思いました。自分たちが第二次ポエニ戦争で徹底的に

やっつけたはずなのに、カルタゴはもうこんなにも豊かになっている。このまま放っておけば、必ずや近い将来カルタゴはローマの脅威になるだろう。

このエピソードはカルタゴの豊かさをイチジクの実《み》で象徴していますが、実際、貿易大国だったカルタゴの経済回復はめざましく、ローマが五〇年で返せと言った賠償金を「二〇年で返してやる」と嫌味《いやみ》たっぷりに返答したとされています。

カルタゴに脅威を感じたカトーは、それ以来、自分が演説をする時には、どんな話題の時でも、必ず最後に一言「Delenda est Carthago.（カルタゴを滅ぼすべきだ）」と付け加えたと言います。こうして強くカルタゴ殲滅を訴《うった》えたカトーでしたが、彼は第三次ポエニ戦争が始まるすこし前に亡《な》くなります。

やがて、カトーが危惧《きぐ》した通り、国力を増したカルタゴは、ローマの許可なく他国と交戦しないという約束を踏みにじり、周辺諸国と小競《こぜ》り合《あ》いを始めます。これを約束違反だとローマが責《せ》めると、ローマの怖さをよく知っていたカルタゴは、あっさり自分たちの非を認め、謝罪します。

カルタゴは、これで許されると思っていたのかもしれません。しかし、身内でさえあれほど規律に厳しいローマのことです、けっしてカルタゴを許そうとはしませんでした。こうして、第三次ポエニ戦争が始まりました。ローマとの約束を破った者はこうなる、という周辺諸国に対する見せしめの意味も含まれていたのでしょう。

この戦いで、カルタゴは完全に滅ぼされることになります。ローマは、最終的には焼き払った土地に塩を撒《ま》き、植物すらも生《は》えないところまで徹底して破壊したと言われています。

そんなカルタゴの滅亡シーンは、世界史のなかでも、トロイアの炎上と一、二を争うドラマチックなものです。第三次ポエニ戦争に従軍していたスキピオ・アエミリアヌスが、カルタゴが炎上する姿を目《ま》の当《あ》たりにして「いずれ、ローマもまた同じ運命を辿《たど》るのか」と語るシーンは、まさにカルタゴ滅亡のクライマックスとして有名な場面です。

ちなみに、このスキピオ・アエミリアヌスという人物は、第二次ポエニ戦争の英雄スキピオ・アフリカヌスの義理の甥《おい》に当たる人物です。二人を区別するためにアフリカヌスは「大スキピオ」、アエミリアヌスは「小スキピオ」と呼ばれます。

紀元前一四六年、何が起こったか

それまで、周辺諸国に対して比較的寛容な態度を取ってきたローマが、この時ばかりは徹底的な破壊を行なっています。ローマはコリントに対しても建物を徹底的に破壊するなど、カルタゴに近い破壊をしていますが、ここで興味深いのは、カルタゴ殲滅もコリントの破壊も、どちらも同じ「紀元前一四六年」に行なわれているということです。

それだけではありません。ローマはこれとほぼ同時期にギリシアやマケドニアも属州化しているのです。そういう意味で、この「紀元前一四六年」という年は、ローマ史における大きなターニングポイントと見ることができます。

では、何が大きく変わったのでしょう。

私は、この時を境《さかい》に、ローマは「国」から「帝国」になったのだと考えています。この時期、ローマにはまだ皇帝はいませんし、地中海世界には、エジプトなど力を持った国がまだ残っています。しかし、それらはどれもローマから離れた場所にあり、ローマを脅《おびや》かす危険性はないと見ていたのでしょう。もしかしたら、徳川幕府が島津氏《しまづ》（薩摩藩《さつまはん》）をあえて外様《とざま》大名として残したように、ローマも豊かなエジプトをあえて生き残らせたのかもしれません。

距離的に遠く、すぐに反抗する危険が少ないこと、またエジプト自身にもともと拡張主義的なところがなかったことも、ローマがエジプトを滅ぼさなかった理由のひとつと考えられます。

事実、この時期にローマに滅ぼされた国は、すべてローマに対して野心を持っていた国々でした。カルタゴはイベリア半島までその勢力を拡大していたし、将軍ハンニバルはイタリア半島にまで侵入してきました。ギリシアやマケドニアも何度もローマに対して反旗を翻《ひるがえ》しています。

この時期に彼らを潰《つぶ》し、将来の禍根《かこん》を断《た》ったことで、ローマは「帝国」に成長していくことができたのです。

承

——内乱の一世紀から、ネロ帝の自害まで（紀元前一四六〜六八年）

Development

（3）なぜ、ローマは大帝国になったのか？

旧貴族「パトリキ」と新貴族「ノビリタス」

伝説では、ローマの貴族は約三〇〇人の「パトリキ［patricii］」から始まったとされています。パトリキの語源となったのは、父親を意味する「パテール［pater］」という言葉です。このことからもわかるように、パトリキには国家のなかの父親たち、あるいは長老の集まりという意味があります。

ローマで、貴族と言えば最初はパトリキのことを意味していました。しかし、次第に平民が力を持つようになり、護民官のような役職ができると、次第に、平民でありながら国家の要職に就く人が登場してきます。

ローマの公職は二人の「執政官（コンスル）」を頂点に、その下に「法務官（プラエトル）」「造営官（アエディリス）」「財務官（クァエストル）」などさまざまな役職があります。

年表2（紀元前135～68年）

年代	主な出来事
紀元前 135	第1次奴隷戦争（～132年）
133	ティベリウス・グラックスの改革
123	ガイウス・グラックスの改革
107	マリウスの軍制改革
104	第2次奴隷戦争（～100）
91	同盟市戦争（～88）
88	イタリア同盟市の全自由民にローマ市民権を付与
73	第3次奴隷戦争（＝スパルタクスの反乱、～71）
60	第1回三頭政治（カエサル、ポンペイウス、クラッスス）
49	カエサル、ルビコン川を渡る
45	ユリウス暦の導入→太陰暦から太陽暦へ
44	カエサルが暗殺される
43	第2回三頭政治（オクタウィアヌス、アントニウス、レピドゥス）
30	アントニウスとクレオパトラが自殺。 プトレマイオス朝エジプト滅亡、ローマの属州となる
27	オクタウィアヌスがアウグストゥスの尊称を受ける
4頃	イエス・キリスト誕生
紀元 6	ユダヤがローマの属州となる
30	イエス・キリストの磔刑
64	ローマ市の大火→ネロ帝によるキリスト教徒の迫害
66	第1次ユダヤ戦争（～70）
68	ネロ帝の自害

内乱の一世紀（紀元前133～27年）

こうした役職に就く人は、基本的には民衆による選挙で選ばれました。そのため、平民の力が強くなるにしたがい、公職に就く平民も増えていったのです。

この傾向は時代を追うごとに強くなり、紀元前三六七年に施行されたリキニウス・セクスティウス法で、ついに、それまで貴族でなければなれないとされていた執政官も二人のうち一人は平民でもよいことになります。こうして、平民出身の執政官が登場するようになったことで新たな階層が生まれます。彼らは、新たな階層の人間という意味から「ホモ・ノヴス（新人）」と呼ばれました。

ローマ法においては、貴族も平民も基本的には平等です。ですから、ローマ市民であれば誰でも公職に立候補する資格は持っています。しかし、平民で実際に立候補する人はほとんどいませんでした。なぜなら、公職に就くにふさわしい富《とみ》を持っていなければ、選ばれないことがわかっていたからです。ですから、平民で立候補したのは、ある程度以上の富を蓄《たくわ》えることができた、ごくわずかな人々に限られていました。

平民でも執政官になれるとは言っても、実際に選ばれるのは、ごく一部の裕福な平民です。そのため、限られた裕福な平民の家から、二人三人と繰り返し執政官が出ることになり、何人もの執政官を出した家は、新たな貴族として扱われるようになっていきます。こうして生まれたのが、新貴族「ノビリタス［nobilitas］」です。

このように同じ貴族でも、パトリキとノビリタスではその成り立ちは大きく違います。しかし、両者が反目《はんもく》し合うことはありませんでした。それどころか、彼らは一緒にローマの貴族階級を作っていったのです。

家柄よりも経済力を重視!?

貴族は「パトリキ」と「ノビリタス」と異なる名称で区別されましたが、そこに明確な上下関係は存在していません。ノビリタスであっても権威があれば尊敬され、パトリキでも経済力がなければ民衆の支持を得ることはできませんでした。

たとえば、カエサルはパトリキのなかでも、もっとも古い家柄のひとつであるユリウス家の出身です。彼が出世していく時、由緒正しきパトリキであるということが彼の強みのひとつになったことは確かですが、彼は裕福ではなかったので、さまざまな人からお金を借りて権威を保つ努力をしなければなりませんでした。

元老院に入るためには古い家系に連《つら》なるパトリキか、もしくは元老院貴族としてふさわしい財力を持っていることが条件でした。これは、ローマでは血筋（家柄）と財力が同じくらい重視されたことを意味しています。ローマ貴族にとって「財力」は必要不可欠なものだったのです。

ローマ貴族の財力の根源は「土地」です。所有する土地で行なわれる生産活動によって得られる利益が、彼らの財力の基本です。なぜなら、貴族は商業活動に携《たずさ》わることが禁止されていたからです。

現代人であるわれわれには違和感がありますが、商業蔑視《べっし》はローマに限ったものではなく、前近代を通じて言える価値観です。商業は、他人が作ったものを右から左に動かすだけで利ざやを得る卑《いや》しい行為、というのが当時の考え方でした。尊い人間は、生産活動で富を作る人であり、そのためには土地を持つことが必要不可欠だった、ということです。

ですから、ローマでも、パトリキはもちろん、新貴族であるノビリタスも土地を所有する人々でした。とはいえ、ローマでも商業活動はさかんに行なわれています。商業活動については、一般市民のほかに、このあと出てくる解放奴隷（奴隷の身分から解放され自由民になった人〉も携わることができました。

しかし、商業を行なうにはそれなりの資本が必要となります。そこで実際には、表立《おもてだ》って商業活動ができない貴族が彼らに陰《かげ》で出資し、商売をさせて利益を得ることが行なわれていたのではないかと考えられています。

ローマは、基本的に身分も重要視しますが、それにふさわしい財力を持っていなければいけないという意識が根強くありました。そのため、由緒正しきパトリキであっても、財産を失い没落すると、公職に就けなくなり、最後には血筋が絶えてしまうということもありました。

そういう形でパトリキが減ると、ノビリタスのなかから、権威も財産もある人物が元老院議員の推薦を受けてその穴を埋めるということが行なわれました。このように、新陳代謝《しんちんたいしゃ》を繰り返しながら、ローマの元老院は常に権威と財産を持った貴族によって、その力を保っていたのです。

ローマの遺産相続の特徴

なぜ、ローマ貴族に「財力」が必要不可欠だったのか。それは、ある意味、ローマ帝国の拡大を支えていたのは、貴族の財力だったからです。

ローマ人が財力をどれほど重要視していたかは、ローマ帝政期に、財産の額によって身分がはっきりと示されるようになることからも明らかです。元老院貴族は一〇〇万セステルティウス以上、騎士身分は四〇万セステルティウス以上、それ以下の財産しか持たない人は平民とされました。

しかし、これは帝政期にいきなりそうなったわけではありません。貴族が形成されていく過程において、暗黙の了解として存在していた「これくらいの財産を持っていなければ、この職務には就けない」ということが、帝政期にははっきりと数字で示されるようになったというだけのことです。

このように、財産の多寡《たか》を重視したローマでは、相続は大きな課題でした。ローマは、古くは長子相続《ちょうしそうぞく》が基本でしたが、時代と共に分割相続に変化していきます。分割相続と言っても、現在のように財産を子ども全員で平等に分けるようなことはしていません。これでは、代《だい》を経るごとに一人あたりが相続する土地がどんどん小さくなり、氏族としての権威を保てなくなるからです。

では、均等分割でなければ、どのようにして財産を分けたのでしょう。

ローマの相続で、もっとも重視されたのは「遺言」です。遺言の効力は絶対で、遺言さえあれば、血縁がなくても遺産を相続することができました。自分はこの人に財産を譲りたい、と遺言を残せば、たとえ実子《じつし》がいても、他人が財産のすべてを相続することも可能でした。

日本では、いくら遺言書に書いてあっても、相続権を持つ人間が「欲しい」と主張すれば、法律で定められた遺留分はその人に与えなければなりません。そういう意味では、今の日本よりローマのほうが故人の意思が尊重されたと言えます。しかし、故人の意思が尊重されるがゆえに、資産家には遺産目当てで取り入ろうとする人間がすり寄ってきてしまう、という問題もありました。

「父祖の遺風」を大切にしたローマでは、家を守るために、貴族間で「養子」をやり取りすることがよく行なわれていました。家の名を受け継ぐことは、その家の父祖の遺風を受け継ぐことを意味したので、古くから続いてきた氏族を、跡継《あとつ》ぎの子どもに恵まれなかったという理由で潰してしまうことはほとんどなかったと思われます。

そのなかには、自分の息子が気に入らないという理由で、実子がいるにもかかわらず、自分の意思を受け継いでくれる人間をあえて養子にして、財産を相続させるケースもありました。父祖の遺風を大切にしたローマ人は、それだけ自分の意思を尊重してくれる人を跡継ぎにしたいという意識も強かったのだと思います。

巨大なローマ帝国の「小さな政府」

共和政ローマはもちろん、巨大な帝国になってからも、ローマの政府は「チープガバメント（小さな政府）」でした。

帝政期のローマの人口は約六〇〇〇万人、属州は五〇州、常備軍が四〇万人という大所帯にもかかわらず、国家官僚はわずか三〇〇人ほど、公務員ですら一万人程度です。これは、現在のイギリスと比べると約五〇分の一の規模です。この小さな政府で、あれだけの帝国をどのようにして統治していたのでしょう。

注目すべきポイントは、国費でまかなわなければならない部分がとても少なかったことです。国費のほとんどを占めていたのは国防費で、史料の示唆《しさ》するところでは、ローマの財政の七割は国防費だったようです。

紀元前一四六年以降、ローマは拡大するにしたがい、イタリア半島の外に多くの属州を持つようになりました。属州には中央から役人が派遣されますが、その数はほんのわずかです。わずかな役人で、どのようにして統治を行なったのかというと、派遣された役人が自分の手足となって働く人を数多く雇い、実務を分担させたのです。彼らは、国が雇ったのではありません。派遣された役人、つまり貴族が個人的に雇うので、その費用は役人個人が負担しました。

こうした統治法の基礎になったのが、共和政後期に登場する貴族と平民の従属関係「パトロヌスとクリエンテス」です。さきほどの属州の例で言えば、中央から派遣された役人がパトロヌス、その下で手足となって働いた人がクリエンテスです。

属州の場合は、中央にいた時からの子分を引き連れて貴族が属州に行く場合もあれば、属州で新たにその土地のエリートたちを手なずけて、子分として雇い入れるケースもありました。いずれの場合も、国家が負担する費用は派遣した貴族（役人）の分だけなので、国家はわずかな経費で属州の統治を行なうことができたというわけです。

公務員の人件費は、貴族のポケットマネー⁉

パトロヌスとクリエンテスの関係は、あくまでも私的なものです。しかし、そうした個々の私的な関係が、社会のなかで重層的なつながりを持っていたため、結果的にローマ皇帝を頂点とするピラミッドが構成され、国としての秩序が形成されていました。

貴族のA氏族とB氏族がそれぞれ子分を持っていても、氏族どうしの関係では、そのなかに親分的な氏族があり、その有力氏族のなかにもまた親分的な氏族がいる、というように最終的にはローマ皇帝を頂点とする従属関係ができあがっていたのです。

こうした従属関係は制度的なものではないのですが、事実上、ローマの統治機構を支えていました。

現代社会にも、これと似た構図があります。それは暴力団です。暴力団も、個々の関係は私的な親分子分の関係ですが、その親分はより大きな組織のなかでは子分で、その親分にもまた親分がいる。そういう関係を上に向かって辿《たど》っていくと、〇〇組△代目組長を頂点とする「〇〇組系列」のピラミッドが構成されています。

今のイタリアでマフィアがはびこるのも、こうしたローマ以来の人間関係がずっと続いているからなのではないかと思われます。実際、イタリアだけではなく、ローマの支配下にあった地中海沿岸地域では、いまだに財力のある者が持たない者の面倒を見、面倒を見てもらった者はその代わりに何か手助けするという関係が残っています。

属州では徴税《ちょうぜい》も、派遣された役人が個人的に雇った「徴税請負人《うけおいにん》（プブリカニ）」に行なわせました。そのため、国家には徴税の経費も必要ありませんでした。その代わり、役人が国家が求める以上の徴税を行なうことを黙認していました。

たとえば、一〇億セステルティウスの税金が見込める属州の場合、国家はきちんと一〇億セステルティウスを中央に納めてくれれば、現地の役人が徴税請負人に十二億セステルティウス徴税させて差額の二億セステルティウスを自分のものにしたとしても黙認した、ということです。

こうした税金のピンハネも適度なうちは問題になりません。しかし、なかには強欲な役人もいて、不当な上乗せがなされることもありました。そうなると、属州民も黙ってはいません。中央も属州から訴えがあれば、黙殺できないので、不当な徴税をしたとして役人が裁判にかけられるケースもありました。

公共事業は、貴族のボランティア⁉

ローマでは貴族にさまざまな優遇があったことは確かですが、裕福な貴族はそれ以上に、いわゆる社会資本としての役割を担っていました。今なら国家や地方自治体が行なうべき事業を貴族が私財を投じて、つまりボランティアで行なっていたのです。

具体的には、道路や水道など基本的な都市のインフラ設備から、市民の娯楽《ごらく》の場となる円形闘技場や劇場まで、現代の感覚では想像できない規模の事業をボランティアで行なっていたのです。

資金を自分が出すとはいえ、さすがに公共事業を勝手に行なうことはできません。前章でもすこし触れましたが、水道や道路は何もなければいいのですが、有事の際には敵に利用される危険性を孕《はら》んでいるからです。ですから、あらかじめ「私はこういうものを造ろ

写真7　パンテオンに刻《きざ》まれた碑文《ひぶん》

ローマ市内にある神殿、パンテオン。➡の「M(ARCUS)・AGRIPPA・L(UCI)・F(ILIUS)・CO(N)S(UL)・TERTIVM・FECIT」は「ルキウスの息子マルクス・アグリッパ、執政官（コンスル）3度、が建てた」を意味する

うと思うのだが、どうだろう」と元老院で審議にかけ、許可を得ることが必要でした。

　もちろん、すべてに元老院の許可が必要なわけではなく、神《しん》殿《でん》や劇場などであれば、「私がお金を出して、こういうものを造りたい」と言えば、ほとんどの場合、審議するまでもなく認められていました。

　こうして造られた建造物には、出資者の名前が刻まれました（写真7）。

　今でもローマの古い建物を見

ると、誰が建てたものかを知ることができます。たとえば、ポンペイの遺跡に残る円形闘技場には、ローマの裕福な植民者クインティス・ヴァルガスとM・ポルキウスが資金を出して建築したと、二人の人物の名が刻まれています。建物以外では、アッピウスが造った街道を「アッピア街道」、水道を「アッピア水道」と呼んだように、出資者の名を冠《かん》した呼び名がつけられました。

このように、自分が建てたものに名前を刻むことで、貴族たちは「自分は社会に、これほど貢献している」と人々にアピールしていたのです。

富《とみ》の再分配は、貴族の義務⁉

建築物や道路や水道などの設備は、一度造ればそれで終わりではありません。その機能を保ち、安全に活用し続けるためには定期的に点検し、補修することが必要です。こうした仕事を受け持ったのが、造営官です。

造営官の本来の役目は、道路や建物の建設を監督することでしたが、多くの建築物が造られていくと、その保守・点検も大切な仕事になっていきました。そして、保守・点検のために常に街を見回るようになると、建築物以外のトラブルに遭遇する機会が増え、そうしたトラブルの解決も求められるようになり、やがて警察的役割を担うようになっていきました。

ローマのような大きな街には、造営官とは別に警察隊と呼べるものがありましたが、小さな地方都市にはありません。造営官は、そうした場所で警察的な役目を担ったのです。しかし、役人である造営官本人が実際の見回りをしていたわけではありません。彼らもまた、私的な子分を何人も持ち、実務をさせていました。これは、江戸時代の奉行所の役人が、非公認の「岡《おか》っ引《ぴき》」を抱え、手下として使っていたのに似ています。

このように、ローマは、至るところにパトロヌスとクリエンテスの関係が存在することで、社会が回っていたのです。

ローマでは、公共事業も公務員の人件費も裕福な貴族が個人的に負担していました。こうしたローマの習慣が受け継がれたのが、欧米に息づく「ノブレス・オブリージュ（高貴な者は義務を伴う）」とされる寄付やボランティアへの援助の習慣と考えられています。

私はロンドンに行くとよく図書館を利用しますが、資産を持っている人が図書館や文書館を建てるために寄付をする文化が古代から受け継がれており、建物が立派なのはもちろん、充実した資料が非常にきちんと整理、保管されています。彼らは資料は一カ所に集めてきちんと整理しなければ十二分には活用できないことをよく知っているからです。

そういう意味では、ノブレス・オブリージュの伝統が浅い日本では、残念ながら欧米のような資料の一元化が十分になされていません。そのため、日本中世史を研究する学生でも、日本よりハーバード大学に行ったほうがいい研究ができるのではないかと思うくらい、向こうのほうが充実しています。

富裕層が持てる資産を社会に還元することを、経済学では「富の再分配」と言います。ローマでは、これが国家運営を支えるほど大規模に行なわれていたので、小さな政府でも巨大な帝国を統治することができたのです。

農地改革の失敗

紀元前一四九～同一四六年の第三次ポエニ戦争の勝利によって地中海の覇権を握ったローマは、イタリア半島の外に領土を得て、より大きく豊かになっていきました。しかし、豊かになったのは貴族たちで、ローマ軍の主体を担っていた農民たちの生活は、逆に苦しくなっていました。

なぜなら、ローマの拡大に伴い、戦地がローマから遠く離れた場所になったことで、農民たちが農地を離れる機会が増え、耕作者を失った農地が荒れていったからです。貧しくなった農民は、荒れた農地を売って次の戦地に赴きましたが、彼らの多くは戦争に勝ち、戦利品を手にしても新たな農地を買い戻すことができませんでした。

こうして、無産者になった者の多くが、生活の糧《かて》を求めて都市に流れ込んでいきました。ローマ自体は豊かだったので、都市にいれば、貴族たちのボランティアで最低限の衣食住は保証されたからです。

しかし、ローマ軍の主体を担っていた農民が無産者になるということは、ローマ軍の主戦力が失われることを意味します。最初に、事《こと》の重大さに気づき、農地改革に乗り出したのが、スキピオ（大スキピオ）の孫に当たるティベリウス・グラックス、ガイウス・グラックス兄弟でした。

彼らは、一人あたりが所有できる農地の面積に上限を設け、限度以上の土地は一度、国に返納させたあと、土地を失った農民に再分配することを目指しました。しかし、この改革は莫大《ばくだい》な財産を持つ貴族たちの反対を受け、失敗。ティベリウスとその支援者は抹殺されてしまいました。その後、弟のガイウスが兄の志《こころざし》を引き継ぎ、改革に乗り出しますが、彼もまた反対勢力に追い詰められ、最後には自ら命を絶ってしまいます。

すると、問題解決がなされないまま混乱するローマに、周辺諸国が次々と反旗を翻《ひるがえ》すようになりました。しかし、問題を抱えたままのローマ軍の士気《しき》は上がらず、苦戦を強《し》いられ、ついには危機的な状況に陥《おちい》ったのです。

軍制改革の成功

この危機的状況からローマを救ったのが、紀元前一〇七年に執政官に就任した平民出身の政治家、ガイウス・マリウスです。マリウスは、貴族の財産に関わる農地改革には手を触れず、軍制を改革したのです。

マリウスの軍制改革の主軸は、ローマ軍の主力を徴兵《ちょうへい》による農民兵から志願兵へと変化させるというものでした。マリウスは志願兵に対して、国から一定額の給料を支給することを約束します。しかし、ここがおもしろいのですが、志願兵は「国ではなく、それぞれの将軍に仕《つか》える」こととしたのです。つまり、パトロヌスとクリエンテスの関係を軍制に組み込んだのです。

マリウスは、この改革によって、兵力を高めると共に安定、維持させることに成功します。傭兵《ようへい》の雇用関係を国ではなく将軍にしたことで、将軍たちは競って優秀な兵を雇い入れ、武功《ぶこう》を挙げた者には私的な褒賞金《ほうしょうきん》を与えて、士気を高める努力をしたからです。

またマリウスは、傭兵に対して国家が一定額の給与を支給するとしましたが、兵の装備は従来通り自前が前提です。しかし、傭兵の多くは無産市民ですから、装備を用意するお金がありません。すると、傭兵の装備はパトロヌスである将軍がすべて用意するようになっていきました。

こうして、将軍がより高い能力の傭兵を求めるいっぽう、傭兵もまた自らの命を預けられる将軍を選ぶようになります。おたがいに選び合うことで、パトロヌスとクリエンテスの関係はより強固なものになっていったのです。

後述しますが、第三次ポエニ戦争後、同盟市《どうめいし》戦争や奴隷戦争、周辺諸国の反乱など、一時は危機的状態に陥ったローマ軍も、この軍制改革により、以前より強大な軍へと成長していきます。そして拡大するローマで、この志願兵制度をうまく活用し、武功を挙げ、頭角《とうかく》を現わしていったのが、のちの三頭政治《さんとうせいじ》の主役となるポンペイウスであり、カエサルなのです。

貴族の逆襲とスッラの改革

マリウスの軍制改革によって、無産市民の多くが傭兵という職を得、社会は安定しました。民衆の支持を得たマリウスら「民衆派《みんしゅうは》」は、元老院よりも民会を重視した政治への移行を図ります。

すると、「閥族派《ばつぞくは》」と呼ばれる名門貴族たちがこれに反対、そのリーダーとなったのがルキウス・コルネリウス・スッラ（写真8）でした。

マリウスとスッラの対立は紀元前八六年、マリウスの病死によってあっけなくスッラの勝利に決着します。そして、元老院の支持を受けて独裁官になったスッラは、マリウス派の人間を粛清《しゆくせい》すると共に、今度は元老院強化を目指した国政改革に着手します。

スッラは、通常半年間とされていた独裁官の任期を自ら無期限とすることで、権力を確固たるものにして、改革に臨《のぞ》みました。そして、元老院を強化するため、これまで三〇〇人とされていた元老院議員の数を倍の六〇〇人に増員します。さらに、司法改革や属州統

写真8 ルキウス・コルネリウス・スッラ

紀元前138～同78年。ローマの貴族(パトリキ)でコルネリウス氏族のスッラ家に生まれる。「閥族派」の指導者として、「民衆派」マリウスと対立、これに勝利する。のちに独裁官(ディクタトル)となるが、2年後に自《みずか》ら退く

(グリュプトテーク美術館蔵)

治の制度化、退役兵に土地が分配できるように農地法を改革するなど、さまざまな国政改革を精力的に行ないました。

これらの改革は一応成功し、スッラが独裁官だった時代は、共和政ローマの最後の安定期と呼ばれています。

スッラという人物のもっともすごいところは、ここまで権勢を振るいながら、目指す改革を終えると、自ら就いた終身独裁官をあっさりと辞任し、政界からもきっぱり身を引くという潔《いさぎよ》さを見せていることです。ローマで権力者になったあと、自ら退《しりぞ》くという潔さを見せた政治家は、スッラのほかには、のちに出てくるディオクレティアヌス帝くらいでしょう。

私は以前、『ローマ人の物語』の著者であり、大《だい》のカエサル贔屓《びいき》として知られる塩野七生さんとローマでお会いした時、彼女がスッラも好きだと言っていらしたのを思い出し、「スッラとカエサルではどちらがお好きですか？」と聞いたことがあります。すると彼女は、どちらとも答えられませんでした。

日本ではスッラの認知度はあまり高くありませんが、カエサルとはまた一味《ひとあじ》違う強さや、ある種の潔さといった魅力を持った人物です。ちなみに私は、どちらかといえばカエサルのほうが好きです。なぜなら、スッラが時折《ときおり》見せる言動や行動に、どうしても彼の持つ冷酷さを感じてしまうからです。

実は、スッラはマリウス派の人間を粛清する時、カエサルにもその矛先《ほこさき》を向けたことがありました。カエサルの伯母がマリウスの妻だったことから、若き日のカエサルはマリウス派の人々と親しかった上、スッラの命令を拒《こば》んだからです。

最終的には周囲の取りなしもあり、スッラはカエサルに対する怒りを収めましたが、その時、周囲の人間に「あの若造のなかには、マリウスが何人もいるのがわからないのか」と吐《は》き捨てるように言ったと言われています。

スッラが亡くなるのは紀元前七八年、カエサルがポンペイウス、クラッススらと三頭政治を始めるのが紀元前六〇年ですから、スッラは若きカエサルのなかにある野望と、彼が持つカリスマ性を見抜いていたのかもしれません。

カエサルが出世するために採った方法

そのガイウス・ユリウス・カエサル（写真9）が生まれたのは紀元前一〇〇年。ユリウス家はパトリキのなかでもとびきり古く、名門と言える家柄でした。しかし、彼が恵まれていたのはこの家柄だけで、財産と言えるものは少なく、住居はローマの下町スブラ街に位置していました。

資産も人脈もない若き日のカエサルに最初に訪れたチャンスは、彼の伯母が時の権力者マリウスと結婚したことでした。この縁《えん》を辿《たど》り、カエサルは政界の中枢部に入り込む足がかりを得ます。しかし、縁はできても〝先立《さきだ》つもの〟がありません。

さきほども説明しましたが、当時のパトロヌスとクリエンテスの関係にもとづく傭兵制度では、パトロヌスが武功を挙げるためには、質《しつ》のいい傭兵を雇わねばなりません。そのためには、傭兵の面倒を見る資産が必要です。お金が要《い》るのはそれだけではありません。政界で名声を得るために、民衆に望むものを与えなければなりません。人の心をつかむためにも、お金は必要不可欠だったのです。

大きな資産を持っていないカエサルは、ローマ一《いち》の資産家マルクス・リキニウス・クラッススから借金することで、資金を調達します。そして、そのお金を気前良く子分や民衆に大盤振《おおばんぶ》る舞《ま》いし、人心《じんしん》をつかんでいきました。

カエサルは人の心をつかむ天才ですが、それ以上にすごいと思うのは、大変な浪費家だ

写真9　ガイウス・ユリウス・カエサル

紀元前100～同44年。ローマの貴族（パトリキ）でユリウス氏族のカエサル家に生まれる。第1回三頭政治を経て終身独裁官となるも、反対派により暗殺される。その際に発した「ブルートゥス、お前もか」が最期《さいご》の言葉とされる

（ルーヴル美術館蔵）

ったにもかかわらず、彼がクラッススからお金を借り続けられたことです。借金は誰にでもできることではありません。貸す側に「この人なら投資してもいい」という魅力を感じさせると共に、「こいつなら返せるだろう」という見込みがなければ大金は貸せません。ですから、普通は浪費家には貸したくなくなるものなのですが、クラッススが貸し続けているということは、カエサルにそれだけの魅力と見込みがあったということです。

カエサルが、どれほど巨額の借金を重ねていたかを物語るエピソードがあります。

彼が財務官に当選した時のこと。カエサルは、当選祝いに二五万人(!)を集め競技会を開催することを決めます。しかし、資金はなく、費用は借金で工面《くめん》しなければなりません。この時、彼がクラッススから借りた額は二五〇〇万セステルティウス。これは現在に置き換えると、約三〇億円に相当します。この大金をカエサルは気前良く、パッと使い切ります。ちなみに、カエサルはのちに遠征で勝ち取った戦利品でこれをきちんと返しています。

このエピソードからもわかるように、カエサルは一応返すつもりで借りていたのだと思いますが、選挙に出るたびに資金を借りたり、債務を肩代わりしてもらったり、クラッススから借り続けたお金は莫大な額に上りましたが、最終的にはクラッススが戦死（紀元前五三年）したことによって、返さずに終わりました。

カエサルは、なぜ暗殺されたのか

各地の反乱を鎮《しず》めるという武功で名を馳《は》せたポンペイウスとローマ一の大富豪クラッスス、名誉と資産というローマ人が重視してきたものを持つ二人に、カエサルは「民衆の人気」で対抗したわけですが、その人気を勝ち取るための資金をライバルであるクラッススに出させているのですから、彼の人間的魅力と政治的才能は、やはり三人のなかで群を抜いていたと言えるでしょう。

また、カエサルは弁舌《べんぜつ》もすばらしく、ルビコン川を渡る際に言ったとされる「賽《さい》は投げられた」、ポントスの王ファルナケスとの戦いを元老院に報告した時に使ったとされる「来た、見た、勝った」、ほかにも「私は王ではない。カエサルである」など数多くの名言を残しています。そのなかには、ドイツの大歴史家テオドール・モムゼンが「これ以上にすばらしい心理学的な傑作は、歴史のなかに見当たらないし、これほど完璧に成功した例もまったく知らない」と絶賛した名言があります。

それは、長引く内乱に不満を抱き、従軍拒否や賃上げを要求して暴徒化した兵士にカエサルが呼びかけた際の「市民諸君よ」という一言です。

この一言の何が名言なのかと思われるでしょう。実はカエサルは、それまで自分の兵士たちに「わが戦友よ」と親しく呼びかけていました。それを「市民諸君よ」という、よそよそしい言葉に変えたことで、兵士たちはカエサルが自分たちに心理的距離を置いたことを瞬間的に感じたのです。

このカエサルの人間心理を見抜く能力と、その心理に沿った言葉を選ぶうまさは類《たぐ》い稀《まれ》なものです。カエサルより六歳年上で、彼のことをとことん嫌った共和主義者キケロでさえ、「弁舌でカエサルに敵《かな》う奴はいないのではないか」と述べています。

人並み外れた気前の良さと、すばらしい弁舌で人心をたぐり寄せたカエサルは、クラッスス死後の紀元前四八年、ライバルのポンペイウスを内戦を経て打ち破ることで、権力の座に上り詰めます。そして、かつて自分を粛清しようとしたスッラの前例を利用し、終身独裁官になり、自らに権力を集約させました。

しかし、民衆の絶大な人気を誇ったカエサルも、終身独裁官になってからわずか一カ月後の紀元前四四年三月十五日、最後は独裁を嫌うローマの常《つね》で、暗殺されてしまいます。政敵に暗殺されたとはいえ、その後、彼の若き養子オクタウィアヌスがその権力を引き継ぐのですから、やはりローマ市民はカエサルをこよなく愛していたのでしょう。

大帝国になった国内事情

中国の古典『詩経《しきよう》』に「兄弟牆《けいていかき》に鬩《せめ》げども外《そと》その務《あなど》りを禦《ふせ》ぐ」という言葉があります。意味は、兄弟は家のなかでは喧嘩《けんか》をしても、いざ外から侮辱《ぶじよく》を受けるようなことがあれば、共に力を合わせてそれを防ぐ、ということです。

確かに、国の外に共通の敵ができると、国内は結束しやすくなります。ローマの場合も、国土を拡大できた理由のひとつに、外国からの脅威があったことは事実でしょう。しかし、帝国と言われるほど領土を拡大することができたのは、外に敵がいたからだけではありません。もうひとつの大きな要因は、ローマの身分闘争が激化しなかったことです。

大著『歴史』の著者として知られる、紀元前一世紀の歴史家ガイウス・サッルスティウス・クリスプスは、「カエサルへの提言」という記述のなかでローマの歴史を振り返り、次のように語っています。

「私は父祖から伝え聞いているように、国家がふたつの部分、すなわちパトレス（元老院議員、貴族）とプレブス（平民）に分かれていたと信ずるものです。古くは貴族に最大の権威があり、平民は圧倒的に多くの人数がありました。それゆえ、国家にしばしば平民の国外退去（聖山事件など）が起こり、貴族の力は常に削減され、人民の権利は拡大されたのです。しかし、平民は次の理由から、自由に振る舞っていました。つまり誰の権力も法を超越せず、貴顕《きけん》の士《し》（貴族）は資産や傲慢《ごうまん》さによってではなく、名声と勇敢な行為によって、無名の徒《と》に勝《まさ》っていたからです。どんなに卑《いや》しい者も、畑や戦場で受けられない誉《ほま》れはなく、自分にも祖国にも満足しておりました」

要約すると、貴族は富を持っているけれどけっして傲慢ではなく、あくまでも名誉と勇敢さのために行動し、平民も不満を言って国外退去を起こしたりもするけれど、最終的には法を超越せず秩序のなかで行動した、ということです。

つまり、貴族と平民の間に対立はあったが、そこには節度があり、総じて国内の大きな問題に発展することはなかったのです。

求めたのは、お金でも土地でもない

では、なぜローマ貴族は傲慢な振る舞いをしなかったのでしょう。サッルスティウスは、その理由として、彼らが「名誉と勇敢さ」をとても重視したことを挙げています。

国防を担っていたローマ貴族は、アッピウスがピュロス王との戦いを前にした時の演説「もしアレクサンドロスが西に来ていたら、われわれが叩《たた》き潰《つぶ》していただろう」のように、自分たちの武力に自負心を持っていました。

これは、ローマの帝国主義とは何かという問題にも通じますが、実はローマ人というのは、単純に領土を拡大するために近隣諸国と戦ったのではないのです。それぞれの貴族たちが名誉を求めて戦った結果として、国土が拡大したと考えたほうが真実に近いと私は思っています。対外戦争は、土地や戦利品、奴隷などさまざまな利益を戦勝国にもたらしま

すが、貴族にとっての最大のメリットは武勲、つまり名誉だったからです。

江戸時代の武士もそうですが、ローマには武官と文官の区別はありません。そのため、貴族である以上は「国防の担い手＝兵士」としての名誉が求められました。戦争で勇敢に戦うこと、能力を示すことは、ローマで出世するために必要不可欠な名誉を手にする、もっともオーソドックスな手段だったのです。

事実、ポンペイウスは、ヒスパニア遠征や第三次奴隷戦争で武功を挙げたことでローマ市民の支持を得て、執政官になっています。カエサルは、武勲だけで民衆の心をつかんだわけではありませんが、ガリア戦争での勝利や、ヒスパニア・北アフリカでの戦役の武勲が彼の絶大な人気の一翼を担っていたことはまちがいありません。

とはいえ、人にはどうしても向き不向きというものがあります。そのため、職務に適した人を選ぶうちに、戦場に多く行き活躍する人と、あまり戦場には出ずに政治の場で活躍する人がいたことも事実です。

時代は遡《さかのぼ》りますが、アッピウスなどは弁舌にすぐれ、水道や街道を造ったことからもわかるように、政治能力に長《た》けた人でしたが、めざましい武勲はありません。カエサルのあとに権力の座に就き、初代皇帝アウグストゥスとなったオクタウィアヌスも、市民の前に出る時は武装していましたが、実際の戦場での指揮は、彼の側近アグリッパが行なっていました。

アッピウスやアウグストゥスのようにすぐれた能力を持つ者であれば、武勲がなくても出世できましたが、ローマでは、ある程度以上出世すると、能力の有無にかかわらず軍団の指揮権を持つことになるため、貴族にとって武勲はとても重要な名誉だったのです。

皇帝を意味する英語「エンペラー［emperor］」の語源になったラテン語「インペリウム［imperium］」も、もともとは「軍事の最高指揮権」を意味する言葉です。インペリウムが最高指揮権、それを持つ人が「インペラトル［imperator］」というわけです。

ちなみに、私たちは最高指揮権を持つ人は一人だと思いがちですが、ローマにおいてはインペラトルが同時に複数いることは、不自然なことではありませんでした。なぜなら、執政官が二人いれば、それは同時にインペラトルが二人いることを意味したからです。実際、ローマでは、それぞれの執政官がそれぞれの軍団を指揮しています。それがのちに、一人の「皇帝」に収斂《しゅうれん》していくことで、皇帝がインペラトルを名乗るようになるのです。

ローマの人々が、敗戦将軍であっても勇敢に戦った者であれば受け入れたのも、戦死者を名誉の死として手厚く遇したのも、戦争に勝つこと以上に、名誉や勇敢さを大切にしていたからと考えれば納得できます。

貴族は名誉と勇敢さを求めるがゆえに、平民に対して傲慢に振る舞わず、また平民たちは「あの人たちは立派な人なのだから」と、貴族に尊敬の念を抱いたからこそ、ローマの身分闘争は必要以上に激化することがなかったのです。

そして、こうした国内の安定を背景に、名誉を求めて戦い続けた結果こそが、あの広大なローマ帝国の領土なのです。

(4)なぜ、ローマ市民以外に市民権を与えたのか?

ローマの統治法

ローマの支配は、ローマの範囲を拡大していく「併合」から始まり、やがて軍事的な同盟を主とする「同盟支配」になり、さらにローマの一部として統治する「属州支配」へと変化していきます。

同盟支配から属州支配への変化と言うと、ローマが力で同盟市(当時の国は都市国家であり、この市は現在の国に相当します)を自らのものにしていったように感じられるかもしれませんが、実際には、同盟市のほうから属州にしてほしいと願い出ています。なぜなら、軍事的な同盟を主とする同盟市の立場より、ローマの属州になったほうがメリットが大きかったからです。

同盟市は、ローマの支配下にあると言っても、あくまでもローマとは別の国です。そのため、ローマとは別の指導者がおり、自治が認められていましたが、自国の防衛は自分たちで責任を持たねばなりません。さらに、ローマから要請があれば、兵力を提供しなければならないのです。

ですから、同盟市と言うと、対等な立場で相互扶助を盟約していたような印象を受けますが、実際には、ローマの恐怖に怯《おび》えながら、同盟に甘んじていたケースが少なくありませんでした。このため、どうせローマの傘下《さんか》に入るなら同盟市ではなく、最初からローマの属州になって、統治も国防もすべてローマにしてもらったほうがいいと、自ら国をローマに差し出す君主も少なくなかったのです。

アナトリアの西端に位置する都市ペルガモンなどは、まさにその典型的な例と言えるでしょう。紀元前二世紀にローマがこの地に進出してくると、ペルガモンは、戦って蹂躙《じゅうりん》されるよりも最初からきちんとした形でローマに組み込まれたほうがいいと、ローマとは争わず、属州にしてくれるよう申し出たのです。こうして、早くからローマの属州になったペルガモンは、街を衰退させることなく、ローマの傘下でさらに発展していきました。

ローマが属州に自分たちのやり方を押しつけるような統治をしなかったことも、多くの都市が進んでローマの属州になった要因のひとつでした。また、ローマの属州になることは、当時最先端であるローマ文化の恩恵を受けることにもつながり、属州の人々は、祖国を失ったと嘆《なげ》くことなく、むしろ喜んでローマ文化の恩恵に与《あずか》ったのです。

最初は、人気がなかった市民権

ローマが属州支配を始めるのは、第二次ポエニ戦争（紀元前二一八〜同二〇一年）後のシチリアから。それ以前に、ローマの傘下に組み込まれたイタリア半島の国々は、すべて同盟市でした。

周辺の都市国家と同盟関係を結ぶことで、支配権を確立しようとした頃のローマは、同盟市の人々に、ローマ市民権を取ることを推奨していました。しかし、市民権の取得は、ローマ兵として従軍することを意味します。当時、ローマ軍は同盟軍と共に戦う場合、自分たちが指揮権を持つ代償に、もっとも危険な中核部隊を受け持っていました。さらに、ローマ市民になると、納税によって戦費を負担しなければなりませんでした。

つまり、ローマ市民権を得ると、特権もありましたが、戦場での危険が増す上、税金も支払わなければならなかったのです。

ローマは、同盟市の市民権とローマ市民権を同時に持つこと、今で言う「二重国籍」も認めていましたが、こうしたデメリットが大きかったため、積極的にローマ市民権を取ろうとする同盟市民はほとんどいませんでした。

しかし、マウリスの軍制改革以降、こうした意識に変化が生まれます。同盟市は、度重《たびかさ》なるポエニ戦争で多くの兵士を派遣したにもかかわらず、戦後豊かになったのはローマだけで、同盟市には何の恩恵もなかったからです。恩恵がなかったどころか、ローマに無産市民が増えたのと同様に、同盟市でも従軍した人々の多くが財産を失い、苦しい生活を強いられるようになりました。

こうした苦しい状況は、ローマではマウリスの軍制改革によって解消されましたが、同盟市では同改革が適用されなかったため、生活苦が改善されないまま、徴兵義務が残りました。さらに、ローマの軍制改革に合わせて、それまでローマ市民に課せられていた戦費の負担に属州税が充《あ》てられるようになり、ローマ市民は懲兵だけでなく戦費の負担からも解放されたのです。

ここに来て、一気にローマ市民権の価値は高まり、同盟市の人々の多くがローマ市民権を求めるようになります。ところが、価値が高まったことを知ったローマは、市民権の出し惜《お》しみをするようになります。

こうして、同盟市とローマの間で市民権を巡って起きたのが、紀元前九一年の同盟市戦争です。この戦いは、いわば身内どうしの戦いだったため、最終的にはローマが譲歩することで和解。イタリア全土の同盟市はローマの地方都市となり、地方都市の市民全員にローマ市民権が与えられることになります。

市民権と不完全市民権

同盟市戦争によって同盟市はなくなり、イタリア全土の市民にローマ市民権が与えられたと述べましたが、すべての都市が一律に、同盟市戦争の終結（紀元前八八年）と同時に、市民権を与えられたわけではありません。

たとえば、世界遺産として有名なナポリ近郊に位置するローマの都市ポンペイがローマ市民権を得たのは紀元前八〇年頃です。しかも、本当に全市民がもらえたのか、あるいはある一定以上の階層だけに与えられたのか、くわしいことはまだわかっていません。

ローマには「分割して統治せよ」という言葉があり、何事もケースバイケースで行なわれるのが基本でした。そのため、この地域ではこうだが、この地域ではこうする、ということがあり、ローマ市民権が与えられても、実際には不完全市民権にとどまっているところもたくさんありました。

「そんなマルチスタンダードが許されるのか」という疑問を持たれたとしたら、それはあなたが現代の感覚で見ているからです。現代は情報化社会であり、そんなことをしたら、すぐに「そんなのはずるい」と争いの火種になってしまいます。

しかし、当時は情報伝達ツールの少ない古代、しかもローマの支配力は圧倒的です。こうした状況では、ポリスAではこう、ポリスBではこうだ、とローマが言えば、それがダブルスタンダードであろうが、マルチスタンダードであろうが、市民は従わざるを得なかったのです。

では、こうした違いは何によって決められたのでしょう。これも、現代人の私たちには少々わかりづらいのですが、簡単に言えば「都市の格《かく》」です。

基本的にローマの領土には、植民市の「コロニア［colonia］」と、自治市の「ムニキピウム［municipium］」の二種類がありました。規模ではコロニアのほうが大きく、ムニキピウムは自治が認められていたことから、日本では「自治市」と訳されますが、「コロニアに次ぐ大きな集落組織」というのが実態です。

都市の格ではコロニアが一番高く、ムニキピウムはコロニアより格下でした。そのため、併合された当初は、コロニアでは全市民が市民権を与えられましたが、ムニキピウムでは有力なごく一部の市民にしか市民権が与えられていませんでした。

ですから、さきほど例に挙げたポンペイが、紀元前八〇年に全市民に市民権が与えられたとされているのは、この時にコロニアになっているからです。しかも、それに伴いローマからの植民も行なわれています。つまり、多くのローマ人が入って来ているということ。この植民は、スッラの指導の下に行なわれたため、ポンペイの人々は、スッラを自分たちの都市のいわば恩人として敬愛していました。

私たちは「植民市」という言葉にあまり良いイメージを持ちませんが、元のラテン語では、「格の高い都市」というステータスを伴った言葉だったのです。ちなみに、現在のドイツにケルンという街がありますが、ケルンの語源はこのコロニアです。

戦争で勝ち取った土地が、コロニアになるかムニキピウムになるかは、ローマ人が植民されたかどうかで決まりました。植民が行なわれたコロニアの格が高いのは、ローマ市民権を持ったローマ市民がそこに住むからなのです。これに対し、もともと住んでいた人々に自治を認めたムニキピウムや属州には、ローマ人がほとんどいません。だから、格は低くなります。

こうした都市の「格」の違いが、ローマ市民権が広がっていくなかで、市民権の格の違い、つまりさまざまな特徴を持った不完全市民権を生み出すことにつながっていったと考えられるのです。

市民権の権利と義務

市民権は、「キヴィタス［civitas］」と言います。キヴィタスという言葉には、「市民権」と「国家」のふたつの意味があり、このふたつを同時に意味すると考えたほうが、ローマの「市民権」を考える際にはわかりやすいと思います。

ギリシアでは、植民地は別の都市国家であるという認識でした。しかし、ローマにとって植民地はあくまでもローマの一部なので、そこに住む人には国民である証《あかし》としての市民権「キヴィタス」が与えられました。

市民権には、基本的に兵役の義務が伴います（兵役の義務はマウリスが徴兵制を傭兵制に改革するまで続きます）。ローマ市民に与えられた権利は、民会における選挙権・被選挙権、結婚権、財産の所有権、さらに控訴権などがあります。

選挙権は、ローマから離れた場所に住んでいるローマ市民にも認められていましたが、ローマに行かなければ投票できませんでしたので、実際には、地方からわざわざローマまで長旅をしてでも投票する人はほとんどいませんでした。そういう意味では、ローマの外に住む市民は、市民権を持ってはいますが、実際には投票権は行使できない状態だったと言えます。ちなみに、選挙権と被選挙権は、兵役とセットにして考えるとわかりやすく、兵役のない女性には与えられていません。

男女共に与えられていた権利は、結婚権にしても控訴権にしても、要は「ローマ市民法が適用される」ということです。ローマには、ローマ市民のみに適用された「市民法《しみんほう》（ユス・キヴィレ［ius civile］）」とローマ市民ではない人に適用された「万民法《ばんみんほう》（ユス・ゲンティウム［ius gentium］）」のふたつの法律がありました。

市民法は、市民であれば性別年齢に関係なく適用されたので、そういう意味ではローマ市民権は生まれた時からのものと言えますが、投票権を含む完全市民権となると、どの時点からもらえたのか、規定されたものが残っていないので明確ではないのですが、だいたい一七歳くらいと考えられています。この年齢についても、兵役と投票権をセットにして考えるとわかりやすいでしょう。

母親が市民でなければ、市民になれない

現代では、自分がその国の国民であることを示すものとしてパスポートがあります。ローマにはパスポートはありませんが、いざという時、市民であることを証明するものはありました。それが「ディプロマ［diploma］、写真10」です。

今でも、大学など教育機関が発行する卒業証明書や業績証明書をディプロマと言いますが、ローマのディプロマは兵役義務を終えた者に与えられる証明書です。

写真10 市民権を証明する「ディプロマ」

「221年11月29日、皇帝が兵役(水兵)を終えることを証明する」とある (ルーヴル美術館蔵)

これは、現在の卒業証明書のように紙に書かれたものではなく、その多くは鉄板や銅板に文字が刻まれたプレートで、これまでに約一六〇種のディプロマが発見されています。

そのなかには、二〇年間ローマ兵として働き、ローマ市民権を与えられたことを示すディプロマもあります。

ローマでは、身分は母親の身分が受け継がれるのが基本です。つまり、両親が共にローマ市民であればもちろん、たとえ父親がローマ市民でなくても母親がローマ市民であれば、生まれた子どもはローマ市民権が与えられたということです。

しかし、反対に父親がローマ市民であっても、母親がローマ市民でなければ、子どもにはローマ市民権が与えられません。

ただし、生まれた時にローマ市民の資格はなくても、ローマ市民権を得る方法はありました。それがディプロマにあった「二〇年間ローマ兵として働くこと」でした。これは、民族や地域や使う言語や身分（解放奴隷を除く）に関係なく、二〇年間従軍すれば認められました。

ディプロマは、確かにローマ市民の証明になりましたが、それが現在のパスポートのように使われたかというと、実際にはそういうことは少なかったようです。

ローマでは地区（トリブス）ごとに、現在の市役所のようなものがあり、子どもが生まれた時には、この子は誰と誰の間の子どもで市民である、ということが登録されます。この届け出をする時、ローマでは七人の人間が「この人たちの子どもです」と証言することが必要でした。七人が証言することで、市民登録が成立したのです。

これは、ある意味とても合理的なシステムです。書類ではなく、証人を重視することで書類の偽造を防止できる上に、小さな地区のなかで七人の証人を立てることでおたがいに顔見知りが増え、いわゆる〝顔パス〟が可能になるからです。ローマ人は書類よりも人を信用した、と言えるでしょう。

市民法と万民法の違い

ローマでは、生まれた子どもの身分は母親の身分が受け継がれると述べましたが、これは万民法の規定です。

万民法は、その名からもわかるように、すべての人を対象としたもので、市民法はそのなかの一部です。このように言うと、万民法で法治されているなかで、ローマ市民にだけ、ある種の特権が認められていたように思われるかもしれません。

しかし、それは違います。このふたつの法は、できた順番は市民法が先です。万民法は、ローマが拡大したために必要に迫られて作られたのです。つまり、特権のように見える市民法は、特権として作られたものではなく、もともとあったものにすぎないのですが、国土が拡大した時、すべての人々に適用するわけにいかなかったので、結果として特権に見えるのです。

では、両者にはどのような違いがあったのでしょう。この答えは簡単ではありません。なぜなら、万民法は「第一条　○○は……」と明文化《めいぶんか》されたものではないからです。

ローマは同盟国や属州に対して、ローマの価値観を押しつけることをしませんでした。その土地の自治権を認め、その土地ならではの習慣も尊重しました。そのため、何か問題が生じた時、万民法に照らして裁《さば》くのですが、万民法には「現地のやり方に従え」とあるだけです。したがって、同じような案件で、万民法にもとづいた裁判が行なわれても、属州ごとに判決内容が異なることも珍しくありませんでした。

さきほど、「分割して統治せよ」という言葉を紹介しましたが、法においてもこの言葉通り、その場その場に応じて、フレキシブルに対応していたのです。

万民法にまつわるエピソードに、万民法がファジーだったがゆえに認められた、ある結婚があります。それは、エジプトの女王クレオパトラ七世と、カエサルの死後オクタウィアヌスと覇権を争ったマルクス・アントニウスの結婚です。

アントニウスはもちろんローマ市民。クレオパトラはエジプトの女王ですが、ローマ市民ではないので、ローマ市民法にもとづけば、この結婚は正式な結婚とは認められません。しかし、万民法では事実婚として認められたようです。

この結婚が認められたとしても、万民法では生まれた子どもは母親の身分が受け継がれるので、子どもたちにはローマ市民権は与えられません。ただし、相続は遺言書の力が強いので、きちんと明記されていれば、クレオパトラがアントニウスの遺産を相続することも可能でした。

かつてアントニウスは、アルメニア王国と戦った時、勝ち取った領土をローマに無断でクレオパトラとその子どもに分割して、ローマ市民の怒りを買っています。それだけにローマ市民は、アントニウスがローマのさまざまな財産をさらにエジプトに与えようとしているのではないかと危惧し、二人が対立した時、オクタウィアヌス支持に傾《かたむ》いたという一面もありました。

ラテン市民権とは何か

ローマの自由民は、ローマ市民権を持つ者と持たない者に大別されますが、両者の中間に位置する「ラテン市民権」を持つ人々もいました。

ラテン市民権とは、もともとはローマが盟主となったラテン同盟に属する都市の市民に与えられたものでしたが、同盟の拡大に伴いその範囲も拡大、次第にラテンの範囲を超えた地域の人々にも与えられるようになります。

ラテン市民権とローマ市民権の最大の違いは、ラテン市民権には選挙権（被選挙権）がないことです。これ以外は、ほとんど違いはありません。ラテン市民権を持つ人が裁判にかけられた場合も、その多くにローマ市民法が適用されました。

同盟市戦争を経て、イタリア全土に広がったローマ市民権は、最終的には二一二年、カラカラ浴場で知られるカラカラ帝が出した「アントニヌス勅法《ちょくほう》（コンスティテューティオ・アントニニアナ）」によって、全自由民に与えられることになりました。

所有物としての奴隷《どれい》

戦争を伴うローマの拡大は、ローマに多くの奴隷をもたらしました。

奴隷は、ローマにとって欠かせない労働力でしたが、虐《しいた》げられた奴隷たちは、たびたび反乱を繰り返しました。紀元前一三五年の第一次奴隷戦争に始まる、こうした奴隷の大規模な反乱は、「スパルタクスの反乱」とも言われる第三次奴隷戦争（紀元前七三～同七一年）まで断続的に続き、ローマを悩ませました。

現在、「奴隷」自体が存在しないため、奴隷がどのようなものか理解しにくいと思いますが、〝言葉を理解する家畜のようなもの〟が、当時の感覚に近いでしょう。

奴隷については「農場の道具には三つの種類がある。まったくものを言わないものと、すこしものを言うやつと、非常に口を開くやつだ」という表現がよくされました。最初の「まったくものを言わないもの」とは、鋤《すき》や鍬《くわ》などの農具を意味します。次の「すこしものを言うやつ」は家畜です。家畜は、牛でも豚でも羊でも鳴くので、その声を「すこしものを言う」と表現したのです。そして、最後の「非常に口を開くやつ」が奴隷を指しているわけです。

この言葉からも、当時の人が奴隷を所有物、動産のひとつと考えていたことがわかります。奴隷は動産、つまり物《もの》なので、たとえば自由民Aが何か気に食わないことがあって自由民Bの奴隷を殺してしまった場合でも、AはBに賠償金を支払えば、罪に問われることはありませんでした。極端な言い方をすれば、「あなたの持ちものを壊しちゃった。弁償

「するね」という感覚です。奴隷の生殺与奪権《せいさつよだつけん》は持ち主の主人にあるので、主人が納得すればそれでいいのです。

しかし、逆のことが起きると大変でした。つまり、奴隷が自由民を殺してしまった場合です。これに関してはローマ法に規定があり、たとえば奴隷が一〇人いて、主人がその一〇人のなかの誰かに殺された場合、その一〇人の奴隷を全員処刑するとされているのです。そこには、犯人を追及するというステップすらありません。それどころか、犯人がわかっている場合でも一〇人全員を処刑すると規定されていました。

つまり、同法は、犯人がわからない時は全員連帯責任で殺してしまえ、という意味ではないのです。おそらく、ローマの初期にこうしたことが実際に何度も起きたのでしょう。そこで、再発を防ぐために、仲間の犯行を防げなかった者も同罪であると同時に、主人に反感を抱く者がいた場合、情報がすばやく主人に伝わるように作られた規定と考えられます。

ただし、実際に奴隷を皆殺《みなごろ》しにしていたのかというと、実はそうでもなかったようです。

写真11 当時の人たちは、奴隷をどう見ていたか

劇作家プラウトゥスによる喜劇の一場面(モザイク画)。伝言を受け取る主人(中央)と鎖《くさり》につながれた奴隷(右)。奴隷は実際の身長と関係なく、しばしば小さく、子どものように描かれた

(アテネ国立考古学博物館蔵)

なぜなら、主人が殺されても、その妻子は残っているからです。当時、奴隷は必要不可欠な労働力でした。農作業はもちろん、家のなかのこともすべて労働は奴隷にやらせていたのが実情です。

こうした状況で、奴隷を全員殺すことは、家の動産を自らの手ですべて捨ててしまうことですから、残された家族のその後の生活が苦しくなってしまうのです。

ローマにおける奴隷の人口比率は、二割程度。奴隷社会と言っても、その数が極端に多いわけでは

ありません。多くの中産市民は自らも働いていましたが、やはり奴隷がいなければ生活は苦しく、トップ一パーセントの資産家に至っては、自ら労働せず、すべて奴隷にやらせていたので、奴隷がいないと生活は成り立ちませんでした。

ですから、法律では全員殺してもいいとなっていますが、実際の判断は奴隷の持ち主に委《ゆだ》ねられており、たいていの場合、実行犯とその奴隷と近しい者を二、三人処刑しただけで、残りの奴隷は鞭打《むちう》ちの刑に処《しょ》した程度で、生かしておいたようです。

奴隷から解放される方法

ローマでは、母親の身分が子どもに受け継がれるため、女性奴隷が産んだ子どもは、父親が誰であっても生まれながらに奴隷です。しかし、この生まれながらの奴隷というのは実は少なく、奴隷の多くは、外国との戦争の際にローマに連れてこられた戦争捕虜でした。

また、一度奴隷になってしまったら二度とそこから這《は》い上がれないかというと、そうでもありませんでした。奴隷の身分から解放され、自由民になる方法が、ローマにはいくつかあったのです。

まず、奴隷は主人の所有物なので、主人が認めれば、解放され自由民になることができました。では、どのようにして認めてもらったのでしょう。もっとも一般的なのが、主人に解放金を支払う方法です。

奴隷がどのようにしてお金を工面《くめん》するのだろう、と疑問に思うかもしれませんが、実はローマでは、ごくわずかではありましたが、労働の対価として奴隷にお金が支払われていたのです。奴隷たちは、そのわずかな報酬をこつこつ貯《た》めることで、自らの解放金にしたのです。では、どれくらい働けば解放金を貯められるのでしょう。

これは、主人と奴隷の間の私的な問題ですし、奴隷一人あたり解放金はいくらという規定があるわけではなく、一概《いちがい》に何年とは言えません。また、主人が奴隷に支払う報酬も一定ではありません。主人に非常に忠実だったり、利発だったりすると、少ない解放金ですんだり、逆に主人に反抗的だったり、トラブルを起こしやすい奴隷はお金を積んでもなかなか解放してもらえないということがあったようです。

すべては、持ち主である主人の〝胸三寸《むねさんずん》〟ということです。まあ、だいたい一〇歳あたりからまじめに働いてこつこつお金を貯めると、三〇歳くらいで解放金と引き替えに解放奴隷の身分を得ることができたようです。

しかし、解放金を支払い、奴隷の身分から解放されたとしても、それはあくまでも奴隷ではなくなったというだけのことで、市民権が得られたわけではありません。

解放奴隷本人は自由民になれるというだけで、市民権を得ることはできないのです。市民権を得ることができたのは、解放奴隷の子どもの世代になってから。解放奴隷の子どもは、生来《せいらい》の自由民として扱われました。こうして、生来の自由民になってはじめて、市民権を得られる可能性が生まれるのです。

もちろん、生来の自由民というだけで、市民権が得られるわけではありません。二〇年間従軍したり、特別な武功を立てたり、また解放奴隷は商売をすることが認められていたので経済力をつけ、お金で市民権を手に入れることもできました。

いずれにしても、簡単なことではありませんが、解放奴隷になれば、自分の子どもがローマ市民になれる可能性ができるということです。

奴隷の反乱

わずかですが報酬がもらえ、自由民になる可能性があっても、奴隷の多くはもともと戦争捕虜ですから、祖国では自由民だった人々です。生まれながらの奴隷はともかく、捕虜から敵国の奴隷に身を落とした人々にとっては、解放され、祖国に帰ることはまさに悲願でした。

ですから、奴隷の多くはふだんどんなに主人に従順に尽くしていても、心のなかでは自由になるチャンスを狙っていました。こうした彼らの心情がうかがえるのが、紀元前一〇四年にシチリアで起きた第二次奴隷戦争です。

その発端は、属州での戦いに兵を補充するため、当時総司令官だったマリウスが、比較的従順な奴隷八〇〇人を解放し、兵として戦地に送るよう命じたことでした。奴隷たちは解放されると、戦地に赴くことなく、自分たちの自由を取り戻すためにローマに反旗を翻《ひるがえ》したのです。反乱軍は、仲間を集め善戦するも、紀元前一〇〇年、ローマ軍に鎮圧されました。

その後も、ローマがその版図《はんと》を拡大するに伴い、戦争捕虜は増え、増えた奴隷は大農園などに集められ、過酷な労働を強いられるようになっていきました。こうしたなかで起きたのが、「スパルタクスの反乱」の名で知られる第三次奴隷戦争です。この戦いは、三度にわたる奴隷戦争のなかでも最大規模となりました。

反乱の指導者スパルタクスは、トラキアから連れてこられた人間とされています。反乱は最初、スパルタクスがいた剣闘士《けんとうし》養成所で、わずか七〇人規模の小さな反乱から始まりました。それがどんどん大きくなり、周囲の農場にいた奴隷たちが加わり、最終的には七万人とも一〇万人とも言われる大反乱となり、ローマ軍を苦しめました。

スパルタクスの反乱がよほど、こたえたのでしょう。これを境《さかい》に、ローマ人の奴隷の扱いが変化します。報酬を増やしたり、解放金を優遇したり、過酷だったふだんの待遇にも配慮が加えられました。こうした事実から、スパルタクスの反乱は、ローマにとって奴隷の扱いに対するひとつの大きな教訓になったと言えるでしょう。

スパルタクスの反乱がローマにもたらしたものは、これだけではありません。

スパルタクス率いる反乱軍を鎮圧したのは、三頭政治の一角《いっかく》を担った大富豪クラッススですが、実はこの時、三頭政治のもう一人の雄《ゆう》である、武勇で名高いポンペイウスもまた反乱軍の鎮圧を目指していました。しかし、イベリア半島で、別の反乱軍の鎮圧に当たっていたために一足遅《ひとあし》く、反乱軍撃破の武功をクラッススに取られてしまいました。そこでしかたなく、ポンペイウスは反乱軍の残党の一掃《いっそう》に甘んじます。

普通に考えれば、この戦勝における名誉はクラッススにあります。ところが、名誉をあきらめきれなかったポンペイウスは、元老院における報告の場で「確かに反乱軍を破ったのはクラッススだが、反乱を鎮圧したのは自分だ」と、詭弁《きべん》たらたらにアピールしたのです。このポンペイウスの厚顔《こうがん》な振る舞いにクラッススは激怒。そして、ポンペイウスとクラッススの仲は険悪なものになっていったのです。

カエサル死後の政局

紀元前五三年、ポンペイウス、クラッスス、カエサルの三人による三頭政治の均衡が、クラッススの死によって崩れ、ポンペイウスとカエサルの対立構造が明確になります。

クラッススがパルティアで戦死した時、カエサルはガリア遠征で戦果を挙げている最中でした。しかし、三人の均衡が崩れた今、カエサルが武勲を立てれば立てるほど、元老院は独裁者を危惧するローマの常で、カエサルに恐れを抱くようになりました。

紀元前五一年、ガリアを平定したカエサルは帰国し、凱旋式を挙げたいと思ったものの、ローマの情勢を知り、躊躇《ちゅうちょ》します。なぜなら、ローマに帰国するためには、軍隊を解散しなければならなかったからです。政敵が待ち構えるローマに丸腰で入るのは自殺行為です。悩んだ末に、カエサルは軍を率いたまま、ローマに入ることを決意します。これは、ポンペイウスと戦って雌雄《しゆう》を決することを意味します。

当時、遠征軍が軍を解散する「国境」に位置づけられていたのが、北イタリアを流れるルビコン川という小さな川でした。軍の編成を解《と》かずにこの川を渡れば、国法に違反し、国賊《こくぞく》となります。紀元前四九年一月、カエサルは、そのルビコン川を軍を率いて渡りました。この時、彼が言ったのが、有名な「賽《さい》は投げられた」です。

そして、ルビコン川を渡った翌年の夏、カエサルはポンペイウスを破り、権力を手にします。しかし、カエサルの天下もわずか四年後の紀元前四四年、暗殺という形で突然終わりを告げることになります。

カエサルの死後、覇権を争ったのはカエサルの腹心だったマルクス・アントニウスと、カエサルの養子であるオクタウィアヌスでした。

カエサルが死んだ時、アントニウスは三九歳、オクタウィアヌスはまだ一九歳の青年でした。おそらく、アントニウスは、カエサルの第一の部下である自分が彼の後継者になれると思っていたと思います。ところが、カエサルが遺言書で後継者に指名していたのはオクタウィアヌスでした。

二人の明暗は、まずカエサルを殺した連中への対処で分かれました。オクタウィアヌスが彼らの罪を徹底的に追及し、追い込む作戦を採ったのに対し、アントニウスは首謀者の一部を排除するにとどめ、多くの人間を許す作戦を採りました。アントニウスは、それこそが民衆が愛したカエサルの「クレメンティア（寛容）」につながると思ったからです。

しかし、アントニウスの思惑《おもわく》は裏目に出ます。カエサルを深く愛していたローマの民衆は、カエサルを殺した連中が厳しく懲《こ》らしめられることを望んでいたからです。

それでもなお、元老院貴族たちの常識からすれば、オクタウィアヌスは若すぎました。当時はみな三〇代、四〇代になってやっと法務官になり、それから執政官という形で上っていくのに、一九歳の〝若造〟が、遺言書で後継者に指名されていたからといって、カエサルは国王ではないのだからそんな遺言は認められない、というのが元老院の意見でした。

オクタウィアヌスは、このような状況を十三年かけて伸《の》し上《あ》がり、最終的にはアクティウムの海戦（紀元前三一年）でアントニウスを破って、実権を握ります。オクタウィアヌスは端整《たんせい》な顔立ちをした、今風《いまふう》に言えばイケメンであり、体も虚弱でしたので、周囲は侮《あなど》ったのかもしれません。しかし、実はすごい策士《さくし》かもしれません。

初代皇帝アウグストゥス

オクタウィアヌスの最大の弱点は、軍事力でした。カエサルはそのことがわかっていたのでしょう。カエサルはマルクス・ウィフサニウス・アグリッパという軍事的才能を持つ若者を、早くからオクタウィアヌスの傍《そば》につけていました。実際、オクタウィアヌスの軍功のほとんどは、アグリッパの手腕がもたらしたものです。

同年代の二人の関係は生涯良好で、アグリッパはオクタウィアヌスの娘ユリアを妻とし、オクタウィアヌスがローマの初代皇帝アウグストゥス（写真12）となったあとも、彼の権力の安定のために尽力しています。

カエサルもアウグストゥスも、ローマでは絶大な人気を誇ったヒーローですが、二人のキャラクターはかなり違います。カエサルは情熱的で、人心をつかむ天才のイメージです。それに対して、アウグストゥスは政治家としての才能は強く感じても、あまり人間味

写真12 初代皇帝アウグストゥス

紀元前63～14年。前名はガイウス・ユリウス・カエサル・オクタウィアヌス。紀元前27年、元老院よりアウグストゥス（尊厳ある者）の尊称を贈られ、インペラトル・カエサル・アウグストゥスとなり、ここに初代皇帝が誕生した。写真はトーガ（ローマ人の外衣）を着用した彫像　（ローマ国立博物館蔵）

が感じられないというか、やや冷たいイメージがあります。

では、冷徹、冷酷な人間かというと必ずしもそうではなく、彼にまつわるエピソードのなかには、次のような話も残っています。

ある時、ローマの街にアウグストゥスにそっくりな青年がいる、という評判がアウグストゥスの耳に届きます。興味を持った彼は、その無名の青年を呼びます。確かに、噂《うわさ》になるだけあって、よく似ています。アウグストゥスが青年に出身地を尋《たず》ねると、イベリア半島と答えました。そこで、今度は「おまえの母親はローマに来たことがあるか」と聞きました。

おわかりでしょうか。これだけ似ているということは、もしかしたら兄弟かもしれない。兄弟だとしたら、青年の母親がローマに来た時に、アウグストゥスの父親と関係を持ったのではないか、と暗に尋ねたのです。すると青年は、平然と答えました。

「いいえ。でも、父親はローマに来たことがあります」

これは、浮気をしたとしたら、私の母ではなく、あなたの母親が私の父と関係を持ったのではないですか、ということです。アウグストゥスはこの答えを聞いて、怒ることとなく、ただ苦笑いをしただけだったと言いますから、ユーモアを理解するセンスはあったのでしょう。

卓越した政治手腕で、ローマ帝国初代皇帝となったアウグストゥスの治世《ちせい》。この時期、ローマは非常に安定した繁栄を見せます。彼の治世から、五賢帝《ごけんてい》時代の終わりである一八〇年までの約二〇〇年間は、「パクス・ロマーナ（ローマの平和）」と呼ばれ、ローマ帝国がもっとも栄えた時代です。

ローマの平和と安定の基礎を築いたアウグストゥスは、幸運の女神に愛されたかのような幸せな生涯を送りましたが、身内の不運に見舞われます。それは、後継者に恵まれなかったことです。

彼が最初に跡継《あとつ》ぎと見込み、娘ユリアと結婚させた甥《おい》のマルケルスは、一九歳の若さで早世しています。次に跡継ぎに望んだのは、彼の治世を支え続けたアグリッパと娘ユリア（再婚）の間にできた二人の男の子でした。彼らはアウグストゥスにとって孫に当たります。しかし、この二人も二三歳と一九歳という若さで、アウグストゥスより先にこの世を去ります。

こうして、血縁の後継者候補をすべて失ったアウグストゥスは、しかたなく妻リウィアの連れ子だったティベリウスを養子に迎え、後継者にしたのです。

変化した奴隷の供給源

帝政期に入ると、ローマの政治は安定し、領土拡大のための戦争も内乱も減少します。共和政期にローマを悩ませた、奴隷の反乱も起きなくなります。これには、スパルタクスの反乱以降、奴隷の労働環境が改善されたということもありますが、それ以上に大きく影響したと考えられるのが、奴隷の「質《しつ》」の変化です。

ローマの拡大時、奴隷の多くは戦争捕虜でした。戦争捕虜は、ローマが拡大戦争を続けている限り、供給されます。ところが、帝政期に入ると、辺境で小競《こぜ》り合《あ》い程度の争いはあっても、大きな内乱も、拡大戦争もなくなります。平和な時代が到来したのはいいのですが、これまでの供給源である戦争捕虜が失われたことになります。

奴隷の供給がストップしても、需要は変わりません。解放奴隷として自由民になる者もいれば亡くなる者もいたので、常に新しい奴隷を補充する必要があります。

ところが、どのローマ史を見ても、戦争捕虜に代わる奴隷の供給源は明確にされていません。奴隷の子どもをそのまま奴隷にすればいいと思うかもしれませんが、実際には、そううまくはいきません。なぜなら、戦争捕虜が主な奴隷の供給源なので、奴隷の男女比は圧倒的に男性が多かったからです。

わかりやすく言えば、四人奴隷がいれば、そのなかの三人は男性で、女性は一人しかいない状態だったのです。しかも、先に述べたとおり、ローマでは母親の身分が子どもに受け継がれます。この状態で、奴隷の子どもで奴隷を再生産していくためには、一人の女奴隷が最低でも四人の子どもを産まないと、数を維持できない計算になります。四人くらいなら何とかなるだろうと思うかもしれませんが、当時は今と違い、乳幼児の死亡率が高く、最低でも一人あたり一〇人の子どもを産まなければ、成人奴隷四人を維持できません。

それでも、女奴隷が出産に専念すればできたかもしれませんが、主人の立場からすれば、あくまでも労働力ですから、仕事をせずにただ子どもを産むためだけに置いておくことはできません。

このように考えていくと、どうしても別の供給源が必要です。そして、実際に奴隷が不足して困ったという記録がない以上、どこかに新たな奴隷の供給源があったはずです。

ローマを支えた捨て子

実は、この問題は私が博士論文のテーマにしたものです。私は、考察を重ねた結果、一番有力だと考えたのは「捨て子」でした。

ローマでは、捨て子の事例がたくさんあります。そうした捨て子を拾ってきて、奴隷として売れば、かなりの数の奴隷が見込めます。もちろん、そこには奴隷商人がいて、捨て子を集め、小さい時から主人の言うことに従うように手なずけて、奴隷としての商品価値を高めて売っていたことが考えられます。

この説の根拠は、私の想像だけではありません。実際、奴隷商人たちが捨て子を集めて、ある程度養育するために雇っていた乳母の契約書や、孤児を育てていたことを記したパピルス文書も発見されています。

スパルタクスの時代まで頻繁《ひんぱん》に起きていた奴隷の反乱が、パクス・ロマーナ以降はほとんど起きていないのも、この時点から、奴隷が戦争捕虜から奴隷用に育てられた孤児へと大きく変化したためと考えられます。

先述したように、戦争捕虜はもともと自由民ですから、自由だった時の記憶を持っています。彼らはこの記憶があるがゆえに、自分たちの立場を嘆き、自由を奪った主人に敵愾《てきがい》心《しん》を持ちます。しかし、捨て子を教育した奴隷は、生まれた時から自由がなく、その記憶を持ちません。自分の立場や扱いにしても「そういうものだ」と思って育つので、主人に対し反抗心を持たない、ある意味扱いやすい奴隷になります。

なかには、主人の子どもの遊び友だちのように一緒に育っていった奴隷もいました。主人の子どもからすれば、彼らは遊び友だちであると共に、小さい時から親分子分的な関係が形成されるので、無理無体なことはしなくなります。同時に奴隷も、小さい時から一人の主人に仕えるので、強い忠誠心が培《つちか》われます。

私は、パクス・ロマーナの平和な時期は、奴隷の半分近くが捨て子奴隷によって支えられていたと推測しています。

捨て子が多かった理由

なぜ、ローマでは捨て子が多かったのでしょう。

そもそも、前近代社会全体においては、捨て子というのは珍しいものではありませんでした。しかし、この時期のローマに捨て子が多かったのは、ひとつは奴隷として拾われる可能性があったからだと思います。

捨て子が多かったから奴隷にしたのか、奴隷として拾われる可能性が高かったから捨て子が増えたのか――どちらが先かは「鶏《にわとり》が先か、卵が先か」のような話で、どちらとも言いがたいですが、捨てるほうの心理からすれば、奴隷にされたとしても、命だけは救われて育つことができる環境は、ある意味で捨てやすかったことは確かだと思います。

現在、日本にもたった一カ所ですが、熊本県に「赤ちゃんポスト（正式名称・こうのとりのゆりかご）」があります。実は、ローマには、このような育てることができない子どもを捨てる場所が何カ所もありました。

もちろん、こうした場所以外に捨てられ、不幸にも死んでしまう捨て子も大勢いたと思います。それでも、命が助かる可能性の高い、決まった捨て場所があり、そこに奴隷商人が常に待機していたことが、捨て子の増加を後押《あとお》しすることにつながったことは事実だと思います。

こうした場所に捨てるほかにも、庭先取引のような形で生まれた子どもをそっと奴隷商人に引き渡す、子どもが多くて育てきれないので奴隷商人に引き取ってもらう、というケースも少なからずあったと思われます。

捨てるくらいなら産まなければいい、と言うのは現代人の驕《おご》りです。当時は、今のように計画出産ができる時代でもなければ、女性が一人で子どもを産んで育てられる時代でもありません。そのなかで、不義でできてしまった子どもや、育てきれない子どもの処遇に困った人たちが奴隷商人の世話になったであろうことは容易に想像がつきます。

捨て子と言うと残酷に聞こえますが、奴隷制度のない日本には、どうしても子どもを育てられない場合に「間引《まび》き」という、生まれた子どもを殺す悲しい慣習があったことを忘れてはいけません。殺すことを考えれば、すこしでも命が助かる可能性の高い道として、捨て子を選ぶ親が増えたということは十分に考えられることなのです。

転

——五賢帝《ごけんてい》から、セウェルス朝の終焉《しゅうえん》まで（六八～二三五年）

Turn

(5)なぜ、皇帝はパンとサーカスを与えたのか？

五賢帝と三悪帝

十八世紀の歴史家エドワード・ギボンに、「人類史上もっとも幸福な時代」と言わしめたのが、パクス・ロマーナの黄金期と言われる五賢帝の時代です。

五賢帝とは、実力にもとづく養子継承によって、ローマ帝国に最大の版図と繁栄と平和をもたらした五人の皇帝の総称です。彼らは、それぞれの徳性から次のように呼ばれます（カッコ内は在位期間）。

善帝《ぜんてい》ネルウァ（九六〜九八年）
至高《しこう》の皇帝トラヤヌス（九八〜一一七年）
英帝《えいてい》ハドリアヌス（一一七〜一三八年）

年表3（69〜235年）

年代	主な出来事	
69	ウェスパシアヌス帝の即位	
79	ヴェスヴィオ火山の噴火でポンペイが埋没	
80	ローマ市内に円形闘技場（コロッセオ）、完成	
96	ネルウァ帝の即位	五賢帝の時代
101	ダキア戦争（〜106年）→ダキアの属州化	
109	トラヤヌス浴場、完成	
117	アルメニア、メソポタミアの属州化→ローマ帝国の最大版図	
122	ハドリアヌスの長城、建設開始	
132	第２次ユダヤ戦争（〜135）	
142	アントニヌスの長城、完成	
180	マルクス・アウレリウス帝が死去	
193	セプティミウス・セウェルス帝の即位→はじめての異民族出身の皇帝	セウェルス朝
212	カラカラ帝によるアントニヌス勅法の制定→ローマ帝国の全自由民にローマ市民権を付与	
216	カラカラ浴場、完成	
222	エラガバルス帝が暗殺される	
235	アレクサンデル・セウェルス帝が暗殺される	

慈悲深《じひぶか》きアントニヌス・ピウス（一三八～一六一年）
哲人皇帝《てつじんこうてい》マルクス・アウレリウス（一六一～一八〇年）

彼らが治《おさ》めた八五年間こそ、多くの人がローマと聞いた時にイメージする、豊かで華《はな》やかな、そして活気に満ちた時代です。古代ローマと日本の風呂をテーマにした、ヤマザキマリさんの漫画『テルマエ・ロマエ』も五賢帝の一人、ハドリアヌス帝の時代です。

しかし、初代アウグストゥスの死から五賢帝に至るまでの約八〇年間、ローマは平穏だったわけではありません。その間、まるで幸福を手にするための試練であるかのように、三人の悪《あ》しき皇帝の時代を経験しています。彼らは、それぞれの性格から次のように呼ばれます。

愚帝《ぐてい》カリグラ（三七～四一年）
暴君《ぼうくん》ネロ（五四～六八年）
悪帝《あくてい》ドミティアヌス（八一～九六年）

カリグラの在位はわずか三年一〇カ月、そのうち最初の六カ月間は善政を行なっています。しかし、大病を機に、彼の性格は一変します。いえ、変わったのではなく本性《ほんしよう》を現わしたのかもしれません。いずれにしても、大病から生還した彼は、桁外《けたはず》れの散財と残忍な処刑を行なう暴君に変貌します。特に、見世物《みせもの》好きのカリグラの浪費ぶりは常軌《じようき》を逸《いつ》したもので、その短い在位期間に国家財政を破綻《はたん》させるほどの散財をしています。

暴君として名高いネロも、即位当初は善政を行なっています。彼の善政期間は五年、カリグラと比べれば長いですが、在位期間も一四年と長いため、悪政の期間も長く、ネロのほうがまし、とは言えません。

ネロの悪行を挙げればきりがありません。もっとも有名なのは、彼の代名詞とも言うべき母親殺しとキリスト教徒の迫害《はくがい》ですが、ほかにも義弟と二人の妻を殺し、側近だった勇将ブルスや当代一の哲人セネカも自殺に追い込むという形で殺しています。五賢帝時代の歴史家で、醜聞史家《しゆうぶんしか》とも言われるスエトニウスは、ネロについて「親族のうち、反抗で破滅しなかった者は一人もいない」と述べています。スエトニウスの叙述には信《しん》憑性《ぴょうせい》に欠けるところもありますが、ネロについては正しい見解《けんかい》かもしれません。

三人目のドミティアヌスも、治世当初は誠実な政治を行ないましたが、彼もまた、帝位に就いて数年が経つと、善人の仮面が剝《は》がれ落ちます。元老院の有力者を処刑したり、財政が逼迫《ひっぱく》しているにもかかわらず、兵士の年収を増額させたり、見世物や民衆の娯楽に巨費を投じ、国庫が空《から》になるまで散財を続けました。

また、猜疑心《さいぎしん》に凝《こ》り固まっていた彼は、さまざまな密告に振り回され、結果的に無実の罪を着せられた犠牲者を数多く出しています。

最悪の皇帝と「記憶の断罪《だんざい》」

では、この三人の悪しき皇帝のなかで最悪は誰でしょう。

ローマの見解では、ドミティアヌスになるでしょう。なぜなら、彼は公式記録からその名を抹消《まっしょう》する「記憶の断罪（ダムナティオ・メモリアエ）」に処《しょ》せられているからです。

この刑は元老院において決議されますが、決定すると、その人物は存在そのものがなかったものとされ、あらゆる痕跡《こんせき》が抹消されます。彫像は壊され、絵からは顔が削《けず》り取られ

（写真13）、コインに名前が刻まれている場合はそれさえも削り取られるという徹底したものです。名誉を重んじ、父祖の遺風を大切にしたローマ人にとって、これはもっとも厳しい刑と言えるでしょう。

写真13 顔を削り取られた絵

皇帝セプティミウス・セウェルス（右上）の家族を描いた絵。カラカラ帝（右下）が命じた「記憶の断罪」によって、弟ゲタ帝（左下）の顔が削り取られている　（ベルリン美術館蔵）

実は、カリグラもネロもこの刑とは無縁ではありません。

カリグラが「親衛隊《しんえいたい》（＝プラエトリアニ。皇帝の警護を受け持つ精鋭部隊）」に暗殺された時、元老院はこの刑を審議しています。しかし、跡《あと》を継いだクラウディウス帝がこれを防ぎ、カリグラはかろうじて記憶の断罪を免《まぬか》れたのです。

ネロの場合は、一度は刑が執行され、彫像などが破壊されています。しかし、ネロの三代後に皇帝になったアウルス・ウィテッリウスがネロの立派な葬儀を行なったことで、彼の名誉は回復されています。

つまり、死んだ当初は三人とも等しく、記憶の断罪に相当する悪帝だと元老院によって断じられながら、カリグラとネロは後継者によってかろうじて救われ、ドミティアヌスは悪帝の刻印《こくいん》を消してくれる者に恵まれなかったということです。

ここで知っておいていただきたいのは、確かにこの三人はさまざまな悪行を行なっていますが、彼らを「悪」と裁いたのは元老院であって民衆ではない、ということです。

なかでも、ネロは民衆に人気がありました。凝った衣装で民衆の前に現われては、贅《ぜい》を尽くした興行で大盤振る舞いを繰り返す。それにより財政が逼迫してくると、富裕者や貴族を追放し、その財産を没収して気前良く散財するのですから、退屈を持て余していた当時の民衆には、たまらなく魅力的な皇帝に見えたのかもしれません。実際、死後数年経っても、ネロの墓前には、民衆が供《そな》える花が絶えなかったと言います。

元老院からすれば悪しき皇帝も、民衆にとっては、自分たちに娯楽を提供してくれる愛すべき存在だったのかもしれません。

ローマ人とローマ社会の変化

三人の悪しき皇帝が、民衆のご機嫌取りのためにこぞって行なったのが派手な娯楽、具体的に言えば、映画『ベン・ハー』にも登場した戦車競走や剣闘士《けんとうし》「グラディアトル[gladiator]」の試合などの「見世物」の提供でした。

皇帝が国費を費やして民衆に娯楽を提供すると聞くと、現代人には違和感があるかもしれません。しかし、この時期のローマの民衆にとって、娯楽の提供はとても重要なものになっていました。アウグストゥスからネロの治世を生きたローマの風刺《ふうし》詩人ユウェナリスは、当時の民衆の様子を次のように語っています。

「かつて権勢や国威や軍事などに全力を注いでいたローマ市民たちも、今ではちまちまするばかりで、たったふたつのことだけに気を揉《も》んでいる。パンとサーカスだけを」

彼の言う「パン」とは市民に支給される穀物《こくもつ》を、「サーカス」は同じく市民に提供されたさまざまな見世物を意味しています。つまり、当時のローマ市民は、穀物の無料支給を当てにして怠《なま》け、娯楽である見世物の開催を楽しみにするばかりで、政治への興味を失《な》くしてしまっている、とユウェナリスは嘆いているのです。

ちなみに、ここで言う「サーカス」は曲芸という意味ではありません。戦車競走に用いられた楕円形《だえんけい》のコースを意味する「キルクス［circus］」を英語読みしたものです。

ローマはいつから、このようになってしまったのでしょう。

穀物の支給がいつから行なわれたのか、はっきりしたことはわかりませんが、具体的な記録として現われてくるのは、グラックス兄弟が土地所有制度の改革に取り組んだ紀元前一二三年以降のことです。当時は、まだ皇帝は存在せず、穀物を提供したのは裕福な貴族たちでした。しかし、提供と言っても、最初は無料支給ではなく、市場価格より安い値段で提供したということだったようです。

農民の二極化

ローマは、紀元前一四六年のカルタゴ滅亡を境《さかい》に、ものすごい勢いで世界帝国に成長していきました。しかし、国が大きく豊かになっていく陰《かげ》で、貧富の差は拡大し、無産市民がローマの街に数多く流入するようになります。無産市民が増えたのは、対外戦争を繰り返しローマの版図が広がっていくのに伴い、遠方の属州や戦地へ出かけて行く兵士たちが増えたことが原因です。

ローマの兵士はもともと農民です。本来なら中小の自由農民として、自分の家の畑を耕《たがや》していた人々が出征すれば、残るのは子ども、女性、高齢者だけになります。ローマの規模がまだ小さかった頃は、働き手が戦地に行っても、戦地が近いため、農繁期《のうはんき》には自分の土地に戻って作業することができました。しかし、戦地が遠くなり、何年も家に帰れない状態になっていきます。そんな労働力の核《かく》を欠いた状態が長く続けば、畑を維持することは困難です。

なかには、外国暮らしに慣れてしまい、家へ戻って畑仕事をするのが厭《いや》になり、自らの意思で家に戻らない人も現われてきます。その結果、ローマでは、放置され荒れ地となった土地が増えていったのです。

こうして、イタリア半島で荒れ地が増え、さらに征服した地域の土地がローマのものとなることで、ローマの土地は増えていきました。

征服して得た土地は、最初はローマ国家が所有する公有地とされていました。また、イタリア半島の土地も、当初は売買が認められていなかったのですが、土地が急激に増えたことで、公有地も国内の荒れ地も売買が認められるようになります。その結果、中小の自由農民の多くが荒れた畑を手放して無産市民となり、富裕層は広い土地を手に入れ、大規模農業を行なうことでさらに財産を増やし、貧富の差が拡大していったのです。

もちろん富裕層は、自分たちで農業をしたわけではありません。この時期のローマは対外戦争によって数多くの捕虜を得ていたので、そのあり余る奴隷を使ったのです。これを「奴隷制ラティフンディア（大土地所有制）」と言います。

奴隷制ラティフンディアと言うと、南北戦争前のアメリカ南部で展開された広大な綿花畑を奴隷を使って耕すイメージがあるかもしれませんが、ローマの奴隷制ラティフンディアはそれとは違います。その決定的な違いは、所有する土地が分散していることです。

たとえば、ある農民が自分の畑を手放すと、作物ができない荒れ地、いわゆる荒蕪地《こうぶち》ができ、これを富裕層が購入します。これらの土地は中小の自由農民が手放したものですから、一カ所に固まっているわけではありません。つまり、ローマの奴隷制ラティフンディアは、いろいろなところに飛び地をたくさん所有するという形での大土地所有なのです。

土地を失い、自由農民から無産市民になった人々は、都市に行けば何とかなるだろう、と大都市、特にローマの街に流れ込みました。彼らは、財産はなくても、ローマ市民権は持っています。市民権を持っているということは、選挙権を持っているということです。ローマでは、執政官や法務官などの上級公職者は市民選挙によって決まりますから、票を集めたい富裕層が、無産市民を救済するという名目で、穀物の支給を始めたのです。

ですから、これはイタリア半島全域に広がったわけではありません。ほかの都市部でも似たようなことはあったかもしれませんが、大々的《だいだいてき》に行なわれたのは、選挙が行なわれるローマだけでした。

パンの提供は福祉か

「パン」の提供は最初、有力な元老院貴族たちが安い穀物を提供することから始まりました。民衆は、富裕層が自分たちの持つ「票」を欲しがっていることがわかっており、より待遇が良いほうを支持するようになります。その結果、提供方法はどんどん過激化し、最終的には無料で配布されるようになりました。

こうして、提供すれば票が得られるという状態から、提供しないとまず人気は得られないという状態になり、穀物の無料配布が当然のこととして習慣化していったのです。

このようにして、ローマの街では、皇帝が登場する一〇〇年以上も前から、権力者が市民に無料で穀物を配布することが慣例化していました。「パンとサーカス」は帝政期に始まったように思われるかもしれませんが、実際には、皇帝はこの慣習を引き継いだにすぎないのです。

とはいえ、毎月一定量の穀物が支給されるのは帝政期に入ってから。それまでは恒常的なものではなく、ごく一部の貴族たちが、宴会を開くという形で食べものを振る舞ったようです。振る舞われるものも、帝政期に小麦に統一されるため「パン」と言われますが、富裕層が人気取りのために行なっていた頃は穀物に限らず、お祭りにかこつけた宴会で、神々に犠牲として捧《ささ》げた動物の肉を焼いて提供することもありました。

ですから、もともとは定期的に行なわれていたのではなく、あくまでもお金を持っている人たち、あるいは公職者として役職が高い人たちが、自分たちの支配を正当化するために行なったことだったのです。これが無産市民の救済になっていたことは事実ですが、現代における生活保護（福祉）とは意味が違います。

その証拠に、大規模な穀物支給が行なわれたのはローマの街だけでした。先述したように、「ローマ市民権を持つ者は投票権を持つ」と言っても、投票するためにはローマの街に行かなければなりません。地方からわざわざ投票に行く人はほとんどいなかったので、選挙で票を得ることが目的であれば、費用対効果からも、ローマから遠く離れた属州で行なう必要はないのです。

やがて、帝政期になると、支給される人数と小麦の量が規定されるようになります。支給人数は、ローマ在住の市民一〇〇〜一五〇万人に対し、二〇万人。少ないと思うかもしれませんが、一人あたりの配給量が一カ月五モディウム（約三二・五キログラム）もあったので、一家に一人受給者がいれば、五～六人の家庭なら十分に食べていけました。つまり、結果的にローマの街に住む市民のほぼ全員が、この恩恵に与《あずか》ることができたのです。

風刺詩人ユウェナリスは、ローマ市民はパンとサーカスしか考えていないと嘆きましたが、ローマ市民はみな、パンを当てにして、まったく働かなかったのかというと、そんなことはありません。

なぜなら、ローマ人は自活しようとする意識がとても強かったからです。これは、やはりローマ人が「自由であること」に対する意識が強かったからだと思います。今も昔も、人間が自由であるためには、生活が自立していることが必要なのです。

実際、こうした状況のなかで、年収、資産、生活状態に関係なく、一定量の小麦が恒常的に支給されたため、生活に困っていない人々が、支給された小麦を売ってお金に換えることが半ば公然と行なわれるようになっていきます。ですから、これを生活保護や福祉の始まりと捉《とら》えるには無理があります。

では、ローマに福祉はなかったのかというと、そんなことはありません。非常に小さな規模ですが、奨学金のようなものがありました。これは、五賢帝の一人トラヤヌス帝が行なった、貧しい家の優秀な子どもたちに学習資金を出す、というものです。地方都市の有力者のなかにも、同様のことをしている人もいました。

また、恒常的な穀物支給が行なわれなかった地方都市では、飢饉《ききん》の時や特別な祝い事があった時などに、人々を招待して食べものを振る舞うことも行なわれていました。こうしたものは状況に応じてなされたことなので、福祉のひとつと言ってもいいと思います。

パンよりもサーカスを求めた民衆

では、パンとサーカス、どちらが重視されたのでしょう。

三人の悪しき皇帝がこぞって派手な見世物を円形闘技場などで催《もよお》したことからもわかるように、それはサーカスです。

パンは個人の欲求を満たしますが、退屈している民衆に娯楽を与えるサーカスは、集団としての人間を満足させます。当時は、今のようにさまざまな娯楽がある時代ではなく、権力者が娯楽を提供するということ自体が、私たちが考える以上にものすごく大きな意味と力を持っていたのです。

多くの人間を支配するために己《おのれ》の力を見せつけるには、個人を喜ばすパンよりも、集団を満足させるサーカスのほうが効果が大きい――権力者たちは、このことをよくわかっていたのでしょう。ですから、パンの支給があまり行なわれなかった地方都市でも、サーカスはさかんに催されました。

地方都市には、その都市のなかでの選挙がありました。しかし、これはローマの街で行なわれていた選挙とはすこし形が違います。地方都市の選挙は、大学の学部長選挙に似ています。立候補制ではなく、みんなで何となく「あの人がいいのではないか」という人を選び、その人に打診し、本人がそれを了承することで就任する、というものだからです。

形の上では周囲の申し出を受けて就任することになっていますが、実際には公職に就きたい人たちが事前に根回しをしていました。そのため、選挙の前になると、人気取りのために競い合うようにして、イベントを開催したのです。

ポンペイの遺跡の落書きに、当時の地方選挙のポスターが残っていますが、それを見ると、「〇〇さんを推薦する」とあるだけで、本人が立候補して選挙活動をした形跡はありません。しかし、推薦されるような人は、選挙が行なわれる前に剣闘士興行を主催するな

写真14 コロッセオ

代表的な円形闘技場である、ローマのコロッセオ。５万人以上を収容できた。写真下の中央部分は剝《む》き出しになった床下の舞台装置。当時は、この上に舞台があり、床下は可動式だった

ど、目立つパフォーマンスを行なっているのです。

こうして見ていくと、ローマ帝国全体でパンよりもサーカスのほうがより大きな意味を持っていたと言えます。

ただ、パンとサーカス、いずれにおいても言えることは（どの時代、どの社会でも同じだと思いますが）、人の上に立つ者が富《とみ》を独占すると権威を失う、ということです。今でも、ボーナスが出た時、お父さんが独《ひと》り占《じ》めして家族に何もしないとか、上司が部下と飲みに行き、すべて割勘《わりかん》にしていたら、やはり上の者の権威はなくなります。それと同じことです。

持つ者が自らの権威を保つために、持たざる者に与える――これが大規模に行なわれたのが、ローマの「パンとサーカス」だったのです。

人類史上、唯一の公認・殺人競技

さまざまなサーカス（見世物）のなかで、ローマの人々の心をもっとも魅了したのが剣闘士試合（写真15）でした。剣闘士試合は、今の格闘技の試合とは似《に》て非《ひ》なるものです。

写真15 剣闘士は、いかに戦ったか

剣闘士試合の様子を描いたモザイク画(上)と剣闘士の兜《かぶと》(下)
(上/ライン州立博物館蔵、下/ナポリ国立考古学博物館蔵)

なぜなら、ローマのそれは、人類史上、唯一公認された「殺人競技」だからです。「パクス・ロマーナ」と言われる、何百年も続く平和な社会で、なぜ、そのような残酷な見世物が認められたのか。さらに、人間が目の前で血を流し、場合によっては死んでしまうのに、なぜ、ローマの人々は楽しんだのか。実は、長年ローマの歴史に取り組んできている私にも、まだ明確な答えは出せていません。

現在でも闘犬《とうけん》、闘鶏《とうけい》、闘牛《とうぎゅう》など、動物どうしや人間と動物が戦う見世物は世界中にあります。私は、スペインのマドリードで闘牛を見たことがありますが、牛が槍や剣で突き刺され血だらけになっていく姿は、見ていてけっして楽しいとは思えませんでした。特に、死んだ牛が車に曳《ひ》かれていくのを近くで見た時は、「さっきまで生きていたのに……」と、残酷に感じました。

しかし、現地スペインの人たちは、牛と闘牛士の戦いが間近《まぢか》に見られる席を「いい席」として取り合っていましたから、日本人の私と子どもの頃から闘牛を見て育ったスペイン人では、感じ方が違うのでしょう。そのスペインでも、最近は、闘牛を残酷だとして禁止する動きが強まっています。

現代人が闘牛を見て残酷と感じるのは、近代的な価値観のなかで培《つちか》われた感覚を持っているからです。その現代人が、古代の人々が剣闘士を見てどのように感じたのかを理解するのは容易ではありません。古代人でも、闘牛のような戦いを人間どうしで行なわせ、それを見世物にするというのは、やはりひとつ大きなボーダーを踏み越える感覚があります。いったい、何がこのボーダーを踏み越えさせたのでしょう。

ひとつには、前章でも触れたように「奴隷は人間と見なされない」という感覚が根底にあったことです。

当時、奴隷や戦争捕虜、あるいは死刑に値《あたい》するような大罪を犯《おか》した人間は、人間として扱われませんでした。そういう差別というか、「彼らは自分たちとは別の生きものである」という考えが、ローマの人々のなかにはあったのだと思います。そうでなければ、人間と人間が血を流して戦うところを喜んで見るという感覚は、なかなか生まれないでしょう。

ただ、私自身が闘牛を見ていた時にほんの一瞬感じたことですが、遠くから生きものどうしが戦っているのを見た時、自分のなかにある種の興奮状態が引き起こされたこともまた事実です。これは、人間の本能的な部分に根差《ねざ》した感覚だと思います。闘牛を見慣れたスペインの人たちがよく見える場所に集まっていたのも、近くで見たほうが、その興奮をより強く感じられるからではないでしょうか。

ローマの人々は、現代のスペイン人が闘牛に興奮するよりも、もっとずっと強い興奮を剣闘士試合に感じていました。いっぽうで、識者《しきしゃ》のなかには、キケロのように殺人競技に興奮する民衆の姿に嫌悪感《けんおかん》を抱《いだ》いた人もいました。

それでも、剣闘士試合が好まれたのは、ローマという国が戦士国家だったからです。殺人競技は、時に目を覆《おお》いたくなるような残酷な光景が展開されます。しかし、あえてそうしたものを見慣れることで、戦場でも血を恐れず、死に直面しても動じない強靭《きょうじん》な精神を培うことができると考えられたからです。

では、ローマの人々はいつ頃から剣闘士試合に興奮するようになったのでしょう。

記録に残る最初の剣闘士試合は紀元前二六四年、ローマのマルクス・ユニウス・ブルトゥスとデキムスの兄弟が、父の葬儀に際して、ボアリウム広場で行なったものです。このことから、当初の剣闘士試合には、戦死した故人の魂《たましい》を、敵だった戦争捕虜どうしが戦って流した血で慰《なぐさ》めるという意味がありました。

このように、宗教的意味合いの強かった剣闘士試合が、時と共に世俗化していき、娯楽になっていったのだと考えられます。ちなみに日本の相撲も、もともとは神に奉納《ほうのう》する宗教行事のひとつでした。

もともと葬儀の祭礼のひとつだった剣闘士試合は、紀元前二世紀頃に見世物になり、より興奮できるように工夫が加えられ、帝政期にはさらに派手で過激な演出に変わっていったと思われます。

剣闘士《けんとうし》のアイドル化

先述したように、剣闘士試合という殺人競技が見世物として成立し得たのは、剣闘士が人間であって人間ではなかったからです。

ところが、実際に剣闘士試合がさかんになると、強い者がスターのように扱われるという皮肉な現象が起きてきます。女性のなかには「あの人、カッコイイ」と、まるで今のアイドルのように騒ぎ立てる者もいました。

もちろん、スタームだからといって、良家のお嬢さんと結婚できるわけではありません。しかし、富裕層の人妻が剣闘士と浮気をした、という例はあったようです。そのなかには、夫を捨てて剣闘士についていったという話まであります。ただし、こうした話がどこまで真実かは怪《あや》しい部分もあります。

なぜなら、こうした話はどのような形で残っているのかというと、富裕層の夫人とくっついた剣闘士に対して「あの金持ちの淑女《しゆくじよ》はおまえにくっついてきたけれど、それはおまえが剣闘士でいるからであって、おまえが剣闘士を辞めたら、夫と全然変わらないぞ」と皮肉《ひにく》った、などと記録されているからです。正式な記録がないため、剣闘士と人妻の浮気がどれくらいあったかわかりませんが、そういうことがあったことだけはまちがいない事実です。

さらに、剣闘士がもてはやされるようになると、奴隷だからこそ成立していたはずの剣闘士試合に、自ら志願して参加する自由民まで現われるようになります。

もちろん、剣闘士試合は命がけですから、遊び半分ではなくそれなりの事情はあったようです。一番多いのは経済的な理由です。自由民が剣闘士になって試合に出れば、ファイティングマネーがもらえるため、家が没落したり、借金が返せなくなったり、すこし変わったものでは犯罪でつかまった友人の保釈金を稼《かせ》ぐため、というものもありました。

映画『グラディエーター』では、ローマ皇帝コンモドゥスが、円形闘技場で主人公と一騎打ちをするシーンがあります。コンモドゥスは、一八〇年から一九二年まで帝位にあった実在の皇帝ですが、映画のように、実際に闘技場で剣闘士として戦った変わり者の皇帝です。

剣闘士試合を好んだ民衆も、さすがに皇帝自らが剣を持ち、ほかの剣闘士たちと一緒に戦うのは抵抗があったらしく、コンモドゥスは、彼の母親（アントニウス・ピウスの娘）が剣闘士と浮気をしてできた子どもに違いないという陰口《かげぐち》がまことしやかにささやかれたと言われています。さすがに、皇帝は特異な例ですが、自由民の剣闘士はかなりの人数がいました。

私の教え子に、この自由民の剣闘士を博士論文のテーマにした学生がおり、全剣闘士のなかの約二割がそういう人々だったのではないか、と言っています。しかし、私は、彼らは目立つので、史料に取り上げられる機会が多かっただけで、実際にはそれほどではなく、せいぜい一割程度だったのではないかと考えています。一割か二割か、いずれにしても剣闘士になった自由民が相当数いたことは事実です。

死亡率の上昇は何を示すのか

出発点に経済的な事情があっても、活躍してスターダムに上れば、だいたい五年で、そこから解放されることができました。ですから、考え方によっては、当時の剣闘士の世界は、日本の一昔前《ひとむかしまえ》の芸能界のようなものと言えるかもしれません。

最近は、東京大学や京都大学を卒業した人が芸人になる時代ですが、昔の芸能界は、マイノリティの人たちが芸の力で身を立て、スターダムに伸《の》し上《あ》がることができる数少ない場所でした。

ただ、芸能界と剣闘士の世界で大きく違うのは、剣闘士は文字通り命がけの世界ということ。しかも、剣闘士試合には、時代が下るにつれて敗者の死亡率が高まったという事実があります。

七九年にヴェスヴィオ火山の噴火によって埋没したポンペイ遺跡から出土した史料によ

れば、ある日の剣闘士試合では五組一〇人の剣闘士が戦って、命を落としたのは一人でした。それが、三世紀の史料では、四日間に十一組二二人の試合が行なわれ、敗者十一人全員が命を落としています。

こうした死亡率の上昇については、平和な時代が続いたため残虐性《ざんぎゃくせい》が出てきたのではないか、刺激に慣れ、より強い刺激を求めるようになったからではないか、などさまざまな説があります。もちろん、このような面もあるでしょう。しかし私は、もっとも大きいのは人間の「感性の変質」だと思っています。

これは社会史の大きなテーマのひとつですが、人間の「質《しつ》」が長期間何も変化しないわけがありません。現在、日本は戦後約七〇年ですが、その戦後のわずか三、四世代を見ても、感性が大きく変わったことは明らかです。これが明治時代、江戸時代と、期間が長くなればなるほど、その違いも大きくなります。ちなみに、日本には室町時代に非常に大きな変わり目があり、それまでの日本人とそれ以後の日本人では感性がまったく違うと言っても過言ではない、と中世史の研究者から聞いたことがあります。

ローマ史にも、こうした大きな変わり目はいくつもあります。なにしろ一口《ひとくち》にローマ史と言っても一二〇〇年もあります。共和政から帝政期への移行、帝政期のなかでも、いわゆるパクス・ロマーナの時代とそれ以後、「三世紀の危機」と言われる時代も混乱期ですから、人間の感性はかなり違っているはずです。

「三世紀の危機」とは、アレクサンデル・セウェルス帝の暗殺（セウェルス朝の終焉）からディオクレティアヌス帝の登場までの軍人皇帝の時代（約五〇年間）のことです。ローマ皇帝の権威が低下し、周辺諸族の侵入が増え、国力が低下した時代です。こうした時期に、剣闘士の敗者死亡率が急に高くなるのは、ひとつには感性の変化、もうひとつには十分に訓練されていないままファイターとして送り出された人が多数いたからでしょう。

剣闘士がきちんと訓練されていれば、おたがいそれなりの節度とルールを持って戦うことができますが、十分な訓練を受けず、ルールも知らないファイター間では、やみくもに戦うことになり、見ておもしろい、いわゆる〝いい試合〟ができなかったと思います。

そして、おもしろくない試合では、人々は血を見ないと興奮しないし、何よりも満足しません。つまり、十分な訓練ができていない剣闘士の試合でも、観衆を興奮・満足させるために、敗者の命が必要以上に奪われたということです。

ローマ人が愛した「テルマエ」

ローマ人がこよなく愛したもうひとつの娯楽が、ヤマザキマリさんの漫画『テルマエ・ロマエ』ですっかり有名になったローマの公衆浴場「テルマエ［thermae］」です。

私がはじめてヨーロッパへ行ったのは三三歳の時、そこで経験したヨーロッパのお風呂はトイレと浴槽が一緒になっているのは当たり前、浴槽も日本と比べると、浅く貧弱なものでした。それでも、浴槽があるのはまだいいほうで、シャワーだけというところも珍しくありませんでした。

お風呂好きの日本人からすれば、何ともさびしいヨーロッパのお風呂ですが、ヨーロッパ文化の源泉であるローマのお風呂は充実していました。古代ローマの都市には、少なくともひとつのテルマエがあり、人々は毎日そこで入浴を楽しみました。ローマのテルマエは単なる浴場ではなく、市民の社交場としての機能もはたしていました。

ローマのテルマエの数がピークに達《たっ》するのは、五賢帝の一人、ハドリアヌス帝の時代です。先にすこし触れましたが、まさに『テルマエ・ロマエ』で描かれた時代です。当時、ローマの街には国が経営する大浴場が十一カ所、そのほかに個人が経営する小浴場が九〇〇カ所もあったと言われています。

テルマエ自体は紀元前からありましたが、これほどまでに普及したのは、帝政期に入ってから。歴代の皇帝が、市民サービスの一環として大規模なテルマエを次々と建設したからでした。

なかでも、カラカラ帝（在位二一一〜二一七年）が造ったカラカラ浴場（写真16）が有名です。カラカラ浴場は遺跡が残っており、実際に行ってみると、その大きさに圧倒されます。長さ二二五メートル、幅一八五メートルで、二〇〇〇〜三〇〇〇人が入浴できたと言います。

しかし、ローマには、そのカラカラ浴場をも上回る規模の巨大テルマエがありました。長さ三三〇メートル、幅二一五メートル、それは五賢帝の一人トラヤヌス帝が一〇九年に完成させたトラヤヌス浴場です。

この巨大なテルマエの使用料は無料ではありませんが、金額はほんのわずか。史料によればクァドランス銅貨一枚。クァドランス銅貨は、当時ローマで発行されていた最小通貨ですから、タダ同然の安さで、楽しめたのです。

「テルマエ」が受け継がれなかった理由

なぜ、このローマの豊かな風呂文化がヨーロッパに受け継がれなかったのでしょう。

盛況を誇ったローマのテルマエは、四世紀頃から徐々に衰退していきます。ローマ人が風呂嫌いになったわけではなく、テルマエの運営が立ち行かなくなったのです。巨大なテルマエは、膨大な量の水と、その水を沸《わ》かすための膨大な燃料、さらにそこで働く大勢の

写真16 巨大なカラカラ浴場

ローマ市内にあるカラカラ浴場の遺跡。浴場内(下)の床にはモザイクが敷《し》き詰められていた

奴隷を必要としました。それをタダ同然の使用料でまかなえるはずもなく、経費のほとんどは国が負担していました。そのため、国力が衰《おとろ》えるとテルマエの運営自体が難しくなってしまったのです。

もうひとつの要因は、水の確保が難しくなったことです。

ローマは毎日、大量の水を消費していました。ローマ市街の水道は、紀元前四世紀末のアッピア水道から始まり、最盛期には十一本もの水道が引かれていました。それらの水道が供給する水の量は、一日あたり何と一〇〇万立方メートル（約二億ガロン）にも達していました。ちなみに、当時のローマ市の人口は約一〇〇万人、二〇〇九年の横浜市（人口三六七万人）の一日平均給水量が約一二〇万立方メートルであることを考えれば、ローマがいかに大量の水を使っていたかおわかりいただけるでしょう。

しかも、この水はローマで湧《わ》いていたわけではなく、遠方の水源から水道を通ってきたものです。そして、何本もの巨大な水道橋が必要でした。古代ローマの水道のなかには、現在も使われているものもあり、一度造ってしまえば半永久的に保《も》つような印象を受けるかもしれません。しかし、機能を維持するためには、当然のこととして定期的なメンテナンスが必要不可欠です。

実際、こまめなメンテナンスがローマの水道を支えていましたが、ローマが衰退期に入ると、それも滞《とどこお》るようになり、老朽《ろうきゅう》化に拍車がかかるようになります。新しい水道橋を引けばメンテナンスは楽になりますが、十分なメンテナンスすらできない状況では、新しい水道を引く余裕などありません。

その結果、ローマの給水量は減少し、テルマエのために大量の水を使うことが物理的に難しくなっていった、という事情もあったのです。ローマのテルマエは、ローマの経済状態と共に隆盛し、衰退して、最後はローマと共に滅びてしまったということです。

テルマエの衰退に関しては、キリスト教の影響がよく言われますが、キリスト教が公衆浴場を禁止したという明確な記録はありません。中世ヨーロッパに、キリスト教会が公衆浴場の閉鎖令を出したことはありますが、少なくともこの段階で、テルマエの衰退にキリスト教が関わっていた形跡は見られません。

それよりも、問題視されたのは、テルマエが男性の同性愛、ホモセクシュアルの場所のひとつになってしまったことです。ホモセクシュアルは古今東西、どこでも見られます。

ローマでも、皇帝が若く美しい少年を愛したという話もありますが、一般的な傾向として、ローマ人はギリシア人ほどホモセクシュアルに対して寛容ではありませんでした。

ローマの公衆浴場は、基本的には混浴ではありません。同じ浴槽を使っていた場合でも、午前中は女性専用で午後は男性専用など、時間制で区別して使っていました。浴槽がひとつしかないのだから混浴だったに違いない、と想像する人がいますが、違います。

とはいえ、混浴を完全に禁じていたのかというと、そこまで厳格でもありませんでした。それでも、若い女性が男性がうようよいるところに入るようなことはまずありません。混浴があったとしても、それはある程度、年配の女性の場合だったようです。ですから、基本的にローマのテルマエは混浴ではなかったと考えたほうがいいと私は思います。

そういう意味でも、問題は「汝姦淫《なんじかんいん》するなかれ」を掲げたキリスト教ではなく、ローマ人が嫌ったホモセクシュアルの現場になりやすいということのほうが、ローマ人にとって大きな問題だったと言えるのです。

最高の皇帝は誰か

ローマがもっとも輝いた時代「パクス・ロマーナ」を築いた五人の賢帝たち。彼らの治世は、それぞれに見所《みどころ》があります。

最初の賢帝ネルウァの治世は、六〇歳を過ぎてからの即位だったため、在位期間はわずか一年四カ月しかありませんが、実力者トラヤヌスを養子に迎え、帝位を継承させることで、内乱の危機に瀕《ひん》していたローマを安定に向かわせました。

跡《あと》を継いだトラヤヌスは、帝国の領土を最大にし（18、19ページの図表2）、ローマに土地と富《とみ》をもたらしました（写真17）。

三人目のハドリアヌスは、広大な帝国を自ら回り、国内の安定を図ると共に、外敵の侵入を防ぐ「ハドリアヌスの長城《ちようじよう》（図表2、写真18）」を建設しています。

四人目のアントニヌス・ピウスの跡を継いだマルクス・アウレリウスは、幼い時からストイックな生活を重んじたことから哲人皇帝と呼ばれましたが、厳しいだけでなく信義に篤《あつ》く、ローマ史上はじめて二人の皇帝による共同統治を行なっています。

アントニヌス・ピウスについて何も述べなかったのは、実は、彼の治世にはこれという目立った出来事がないからです。あまりにも何もないため、「歴史のない皇帝」と言われるピウスですが、私は彼こそパクス・ロマーナを象徴する最高の皇帝ではないかと思っています。なぜなら、平和で何も事件が起きていないということは、見方を変えれば、すぐれた政治手腕を持っていたと言えるからです。

彼の有能さを象徴しているのが「ピウス」という称号です。これは、彼の死後、元老院から贈られたもので「敬虔《けいけん》なる者」という意味を持っています。

写真17 トラヤヌスの記念柱

トラヤヌス帝のダキア戦争での勝利を記念して建造。戦闘場面などが、らせん状に描かれている。高さ38メートル

写真18　ハドリアヌスの長城

ケルト民族の侵入を防ぐため、ハドリアヌス帝が建設。総延長118キロメートル、高さ約5メートル

皇帝と元老院は、何かと対立することが多く、実際、アントニヌス・ピウスの養父ハドリアヌス帝は、元老院の評判が良くありませんでした。その元老院がこのような称号を贈ったということは、ピウスがその温和な人柄で元老院とも良好な関係を築き、見事に内政を安定させていたということです。

為政者の功績は、激動期のほうがわかりやすく、安定した状態が長く続くと、それ自体がどれほど難しいことかが見えにくいものです。

アントニヌス・ピウスは、即位が五一歳と遅かったにもかかわらず、在位二三年間という、初代皇帝アウグスティヌスに次ぐ長さを誇っています。その間、たまたま運良く何もなかったわけではないでしょう。平和は、彼の人柄と才能によって築かれていたのです。

彼の治世では、外部との戦争が一度もありません。紛争がまったくなかったわけではなく、すべて外交で解決しているのです。また、ほかの皇帝が民衆の人気を取りつけるためにたびたび建設した大規模な公共建築物をいっさい造っていません。

彼が即位した時、ローマの国庫は逼迫《ひっぱく》していました。資産家だった彼は、多額の寄付をして財政を立て直すと、その後は、健全な治世で確実に国家資産を増やし、マルクス・アウレリウスに帝位を譲る時には、ローマの国庫はアウグストゥス帝以来の最高額にまで増えていたのです。

「平和な時代」の終わり

アントニヌス・ピウスとマルクス・アウレリウスの間に、血縁関係はありません。二人はハドリアヌス帝の命《めい》により、養子縁組をした義理の親子ですが、マルクス・アウレリウスはピウスを非常に尊敬していました。彼がいかにピウスを尊敬していたか、そのことをうかがえる言葉が彼の『自省録』に残っています。

「父からは、温和であることと、熟慮の結果いったん決断したことはゆるぎなく守り通すこと。いわゆる名誉に関して空《むな》しい虚栄心を抱《いだ》かぬこと。労働を愛する心と根気強さ。公益のために忠言を呈《てい》する人々に耳をかすこと。各人にあくまでも公平にその価値相応のものを分け与えること。いつ緊張を弛《ゆる》めるべきかを経験によって知ること。少年への恋愛を止《や》めさせること」

これらのことを、義父ピウスから学んだと言っているのです。その尊敬するピウスから、豊富な国家資産を引き継いだマルクス・アウレリウスは、自分と同じくピウスの養子となっていた義弟ルキウス・ウェルスと共に帝位に就き、共同統治を始めます。

ギリシア哲学ストア派に学んでいたマルクス・アウレリウスは、権力の座に就いても自らを厳しく律《りつ》しますが、残念なことに彼の治世は、戦争、洪水《こうずい》、飢饉《ききん》、疫病《えきびょう》と、いくつもの不幸に見舞われます。なかでも、疫病の流行と、度重なる戦争は彼を苦しめました。アルメニアの管理権を巡るパルティアとの戦いでは、多大な軍事力を注入したこともあって、数年で勝利を手にしました。しかし、ほっとしたのもつかのま、帰還兵たちは勝利だけでなく、天然痘《てんねんとう》と思われる疫病も持ち帰ったのです。この疫病は瞬《またた》く間《ま》に広がり、特に人口が密集する都市部では多くの人命が奪われました。

疫病で疲弊したローマに、今度は北方からゲルマン人が侵入してきます。マルクス・アウレリウスとルキウス・ウェルスは共に前線に赴いて対処に当たりましたが、その最中にウェルスが脳溢血《のういっけつ》で倒れ、亡くなります。ローマ史上初の共同統治はこうして八年で終わりを告げたのです。

その後も戦争に明け暮れたマルクス・アウレリウスの最後の不幸は、男子に恵まれなかったことです。彼は一四人もの子どもに恵まれながら、男子はコンモドゥス一人しか成人しませんでした。その唯一の男子に希望を託《たく》し、マルクス・アウレリウスは一八〇年にその多忙な生涯を閉じました。

しかし、自らを厳しく律した哲人皇帝の実子コンモドゥスは、父の期待を見事に裏切ります。コンモドゥスは文人肌の父に反感を抱いていたのかもしれませんが、剣闘士として自ら闘技場に立ち戦うという、父とは正反対の生き方を選びました。元老院とも対立し、身勝手な政治で混乱させたあげく、最後は自分を守ってくれるはずの親衛隊によって暗殺されてしまうのでした。

（6）なぜ、キリスト教は弾圧されたのか？

ローマ人が信じた神

イエス・キリストが生まれた紀元前四年頃のユダヤは、ローマ帝国の支配下にありました。ローマは基本的に属州に住む人々に、自分たちの信仰を押しつけることはしません。現地の人々は、信仰の自由が認められていました。これは、ユダヤでも同様です。ユダヤ人が自分たちの信仰を守ることに対して、ローマは何も問題視していません。

では、なぜキリスト教徒だけが迫害されることになったのでしょう。この問題について述べる前に、ローマ人が信じていた神々について見てみましょう。

ローマは、建国神話は持っていますが、神々の世界の物語という意味での「神話」は、持っていません。なぜなら、もともとローマ人にとっての「神」は精霊に近く、畏《おそ》れ多い存在であり、ギリシア神話に見られるような喜怒哀楽《きどあいらく》を持つ人間くさい存在ではなかったからです。

それが、ギリシア文化の影響を受けるなかで、独自の神話を持たないローマは、ギリシアから文化と共に神話も受け入れて、自分たちのものにしていきました。ですから、ギリシアとローマでは、ゼウスがジュピター、アフロディーテがヴィーナスというように名前こそ違いますが、同じ神話を持つ同じ神々を信仰しています。

『変身物語（原題『Metamorphoses』）』という、紀元前一世紀のローマの詩人オウィディウスが書いた神話物語があります。これは、ギリシア神話をいわばローマ化した作品です。現在、「ギリシア・ローマ神話」と、ふたつの国の神話がひとつの神話として取り扱われるのはこのためです。

ローマ人の敬虔《けいけん》さに驚いたギリシア人

一般的には、神話を見れば、その国の宗教観や死生観がわかりますが、ローマの場合はギリシアから神話を輸入してしまったため、そこからローマ人の特性を見ることはできません。では、ローマ人はどのような宗教観、死生観を持っていたのでしょう。このことを見るのにうってつけの人物がいます。それは『歴史』の著者ポリュビオスです。

ポリュビオスはギリシアの貴族ですが、紀元前一六八年のピュドナの戦いで人質《ひとじち》として ローマに連れてこられ、その後二〇年近く、スキピオ・アエミリアヌス(小スキピオ)の庇護《ひご》の下《もと》、ローマにとどまった人物です。

人質と言うと聞こえが悪いですが、牢屋《ろうや》に入れられたり鎖《くさり》につながれたりしたわけではありません。ローマの外へ出てはいけないという程度の制約は受けましたが、ローマのなかであれば、基本的には自由に生活することができました。当時のローマにとって、ギリシアは先進国であり、こうした機会を利用して、ギリシア文明を学んでいたのです。

ポリュビオスは、ローマに住んだ二〇年間(紀元前二世紀)に、ローマについて学びました。当時、ローマの勢いには目を見張るものがありました。それに比べ、母国ギリシアは先進国ではあるけれども、政治的、軍事的には下り坂であることは明らかでした。

先進国ギリシア人の目から見て、ローマのどこがすぐれているのか――ポリュビオスは、国政などいくつかの問題を考察、指摘していますが、そのなかに宗教の問題も含まれています。ポリュビオスは著作『歴史』のなかで、ローマ貴族の葬礼で、死者の面影《おもかげ》をそっくり写した仮面を、親族のなかで故人によく似た体つきをした者がつけて、葬礼の場に現われるのを見た感動を率直に語っています。

「偉業をなし名を挙げた人々の肖像が一堂に並び、まるで生命を吹き込まれたかのような姿を見せているそのありさまを見て、恍惚《こうこつ》としない者がいるだろうか。これに勝《まさ》る光景がいったいどこにあり得よう」

ギリシア人は公《おおやけ》よりも個《こ》を大切にしますが、ローマ人は個人よりも公共の安泰《あんたい》を重んじます。ローマ人が公共を重んじる背景には、こうした感動的な葬儀を経験することで、若者たちに、たとえ死んでも英雄的功績は永遠に語り継がれるという思想的刷り込みがある、とポリュビオスは考察しているのです。

ポリュビオスは、こうしたことを非難しているわけではありません。むしろ、ローマ人はギリシア人が敵《かな》わない、きまじめさと敬虔さを持っていると述べています。ギリシア人の目に「非常に敬虔な民《たみ》」と映ったローマ人を、ローマ人自身はどう思っていたのでしょう。詩人キケロは、次のような考察を残しています。

ローマ人は、ケルト・ゲルマン系のガリア人には体格・活力で劣《おと》り、イベリア半島のヒスパニア人には人数で負けるし、エトルリア人には鍛冶《かじ》の技能において負ける、ギリシア人には学芸の力において敵わない。では、ローマ人は何にすぐれているのか。それは宗教的敬虔さだ、とキケロは言うのです。

つまり、外国人であるポリュビオスも、ローマ人そのものであるキケロも、宗教的敬虔さをローマ人の特徴として挙げているのです。

ローマ人は、何を祈ったか

ローマ人は、神々を敬《うやま》う気持ちを示す時、目で見える形で示すことを強く意識していました。葬儀の時に、故人の仮面をかぶる人が登場するのも、そのひとつと言えます。

こうしたローマの形式主義的なところを、ギリシア人は敬虔と捉《とら》えながらも、堅苦《かたくる》しく感じたようです。それは、たとえるなら、ポップスやロックを好む人たちがクラシックのコンサート会場へ行った時に感じる堅苦しさのようなものです。

ローマ人と比べると、ギリシア人はすこし先に進んだ段階にいたので、宗教儀礼も、ややフェスティバル化していました。みんなで集まってはいても、集まること自体に意味があり、形式主義的に段取《だんど》りを踏んで行なうことに、もはや大きな意味を感じていなかったのです。ですから、ローマが依然として、そうした形式を頑《かたく》なに守っていることは、ギリシア人の目からは非常に敬虔に見えたのでしょう。

今は、イタリア人と言うと、おしゃれでノリが良くて女好きで、ややチャラチャラしたイメージが強いですが、古代のローマ人は、むしろ中世の修道僧に近い敬虔さを持っていた人々だったのです。

では、敬虔なローマ人は、神々に何を祈ったのでしょう。今の宗教祭祀《さいし》や信仰は神の加護《かご》、つまり恩恵を得ることを目的とすることが多いようです。商売繁盛、合格祈願、良縁《りょうえん》成就《じょうじゅ》に病気平癒《びょうきへいゆ》……。村祭りも豊漁や豊作を願います。

しかし、ローマ人は宗教儀礼の際に、こうした神々の加護を願っていません。ローマに限らず、古代の人たちは、幸福というよりも禍《わざわい》がないことを願いました。簡単に言えば、「良いことがあるように」ではなく「悪いことが起きませんように」と祈ったのです。

日本にも「無病息災《むびょうそくさい》」という言葉があります。結果は同じでも、「健康長寿」を祈るのと「無病息災」を祈るのでは、少々ニュアンスが違います。この例ならば、ローマ人は、健康長寿ではなく無病息災を祈っていたということです。

これは、現代人の感覚からすると、かなり謙虚な祈りと言えるでしょう。しかし、農耕を基本とする社会においては切実な願いでした。

ローマにとって最大の「禍」は、天災でした。悪天候による飢饉《ききん》、疫病《えきびょう》、地震に火山の噴火、これらは人間の力ではどうすることもできないものだからです。今は気象予報があり、台風なども科学的に解明されていますが、昔はわかりません。そのため、古代の人々は、なぜ天災が起こるのかという問いに対し、「神が怒っているからだ」と考えました。だから、祭儀を捧げて、神の心を鎮《しず》め、禍が起きないことを願ったのです。

禍さえなければ、普通でありさえすれば、自分たちのことは自分たちで一生懸命やります――そういう気持ちが強いのです。もちろん、神の恩恵を望む部分もまったくないわけではないですが、それはあくまでも〝おまけ〟のようなもので、基本的には禍がないことが重要なのです。

幸福よりも無事を祈る敬虔なローマ人――共和政期までのローマ人は、確かにこうした宗教的敬虔さを持っていました。しかし、それも時代と共に変わっていきます。戦前と戦後で日本人が大きく変わったように、ローマの人々もパクス・ロマーナを経験することで、こうした敬虔さはすこしずつ失われていきました。

ローマ人の死生観

さきほど、ローマ人の葬儀についてすこし触れましたが、父祖の遺風を大切にしたローマでは、葬儀がきちんと行なわれ、墓も造られました。貴族や富豪であればあるほど、葬儀は立派になり、墓も巨額の資金が投じられ、立派なものが建てられています。貴族の家には、父祖の彫像が置かれ、事《こと》あるごとに父祖の偉業が語られました。

しかし、ローマ人が「先祖は亡くなった今も、自分たちを見守ってくれている」「自分が死んだら、あの世で父祖に会って――」などと考えていたかというと、そうでもありません。

「霊魂の不滅」という観念は、紀元前四世紀の哲学者プラトンはおろか、さらに古い紀元前八世紀の叙事詩『ホメロス』にさえ見ることができます。それなのに、なぜかローマ人は、こうしたことに関心が希薄《きはく》と言いますか、あまり踏み込んで考えていなかったようです。このローマ人の死生観を象徴しているのが、彼らが墓碑《ぼひ》（写真19）に刻んだ言葉です。

「われわれは無《む》である。考えてもごらん。これを目にする人よ、われわれ人間は何と瞬《またた》くうちに、無から無へと回帰することか」

この言葉から、ローマ人にとって、死は「無に帰《き》す」こと、がわかります。

彼らにとってこの観念は強く、やがて「NF　F　NS　NC」という定型の略号で墓碑に刻まれるようになります。これは、「non fui, fui, non sum, non curo.（私は存在しなかった、私は存在した、私は存在しない、私は気にしない）」という文章の頭文字を取ったものです。

人生はつかのまにすぎず、死ねば無へと回帰するだけ――何とも諦観《ていかん》と虚無感に満ちた思想です。
　ローマ人は明るく享楽的で、この世をエネルギッシュに生きているイメージがありますが、彼らはそうした生活を送りながら、どこか自分の人生そのものを冷《さ》めた目で見ている一面も持っていたのです。

写真19　ローマ人の墓碑

D M
M ANTONIO M FILIO
CLAVDIA TERENTI
ORIVNDO CIVITATE
MISENI OMNIBVS
HONORIBVS
SVAE
NEGOTIATORI
CELEBERRIMO SVARIAE
ET
M M ANTONII
FILI ET HEREDES
SECVNDVM VOLVNTATEM
IPSIVS

DMは「dis manibus(ディス・マニブス)」の略で、「冥土《めいど》の神々へ」を意味する墓碑の接頭語。以下、「故郷のミセヌムで公務をはたしたあと、ローマに来て商業・交易に従事した人物のために、息子と相続人が建立《こんりゅう》した」と記されている
(Ida Calabi Limentani『EPIGRAFIA LATINA』より)

墓碑の言葉以外にも、ポンペイの遺跡から、両手に水差しを持った骸骨《がいこつ》のモザイク画（写真20）が発見されています。ローマ人は、「われわれの存在は、しょせんこの程度のものなのだ」ということを、常に意識の端《はし》に置いていたようです。

なぜ、彼らは圧倒的な虚無感を持ちながら、投げやりになることなく、現世をひたすら一生懸命に生きることに邁進《まいしん》できたのでしょう。

それはやはり、彼らの「ホノル（名誉）」に対する考え方が関係していたと思います。ホノルを求める意識が、下層民のレベルでどれくらいあったのかはわかりませんが、少なくとも上層民にとっては、人生を前向きに生きるためにとても大きな役割をはたしていました。生き恥《いきはじ》をさらさない、自分が死んだあとに名誉を残したい、という思いはわれわれが考えるよりもずっと強く意識されていました。

ローマ人にとって、ホノルは戦争での強さに直結する部分があり、戦場での行動や戦い方、そして死に様《しにざま》が、その結果以上に「ホノルに適《かな》ったものか」が重要視されたのです。

敗戦将軍でも、立派に戦った結果であれば受け入れたのも、敵将の首を挙げても、それが規律違反であれば断罪されたのも、すべては「ホノル」に照らし合わせた結果だったのです。

ローマ人は、墓に何を込めたか

ローマでは葬儀がきちんと行なわれ、墓も造られたと述べましたが、これは市民に限ったことではありません。

剣闘士の墓はもちろん、当時としては珍しいことですが、奴隷の墓までもローマではたくさん見つかっています。

富裕層は、とても立派な墓を建てましたが、副葬品はほとんど見つかっていません。墓から見つ

写真20 ローマ人の死生観

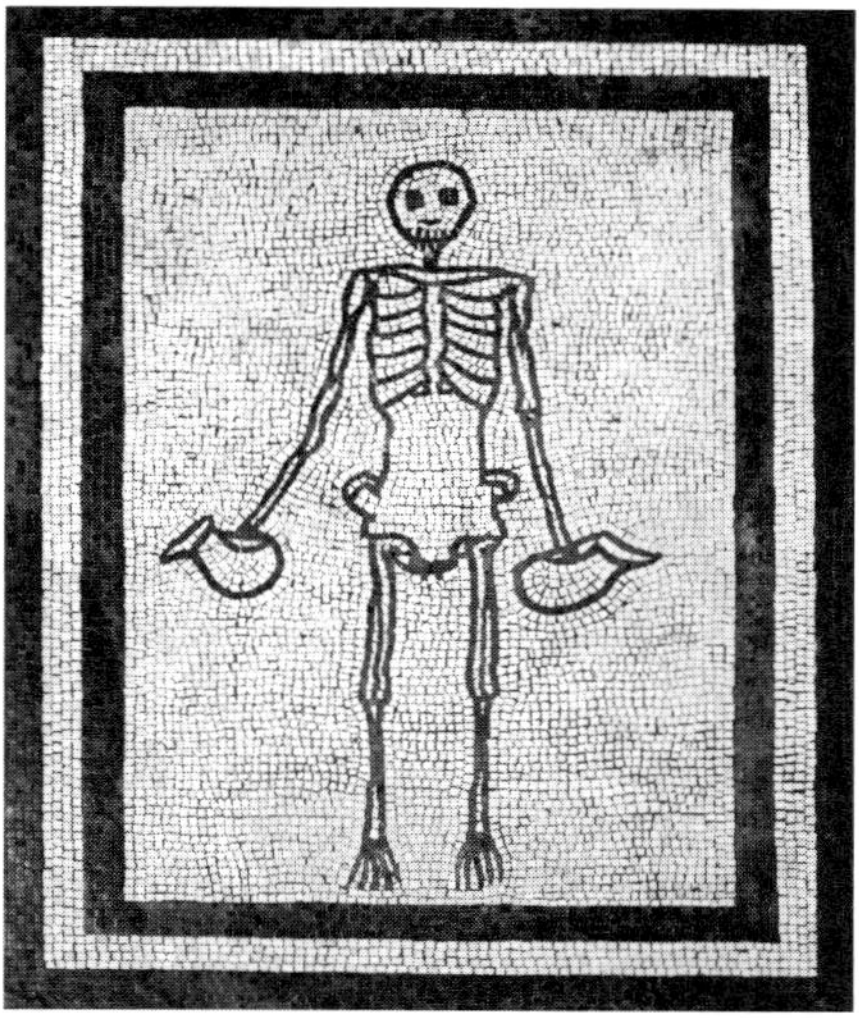

今は元気にワイン(水差し)を飲む生者も、いずれ死者(骸骨)となる——ローマ人の死生観を表わしたモザイク画

(ナポリ国立博物館蔵)

かるのは骨ばかりで、たとえあってもとても副葬品と言えるものではありません。貴族の墓には、「ピラミデ（写真21）」という、小さなピラミッド型のものまでありますが、そこからも大した副葬品は出ていません。

また、皇帝アウグストゥスの巨大な墓は、スペイン広場からほど近いところにありますが、大した副葬品は出ていません。盗掘されたわけでもないので、もともと副葬品を入れる習慣がなかったのでしょう。

ローマでは、初期の頃は副葬品があったようですが、時代を経るごとに少なくなり、帝国になってからはまったくと言っていいほど見られなくなります。おそらく、死後は無に帰ると考えていたローマ人にとって、墓に宝物《ほうもつ》を持ち込む行為など単なるムダであり、そんなことをするくらいなら、現世の人間が使ったほうがよっぽどいい、と考えていたのだと思います。

ローマ人が墓でこだわったのは、副葬品ではなく「墓碑」です。日本の古い時代の墓は墓碑がないものが多く、天皇の陵墓《りょうぼ》でも古くなると、誰のものかはっきりしないものもあります。ところが、ローマの墓は、奴隷のものでも誰のものかわかるのは、墓碑に名前がきちんと刻まれているからです。

なぜ、墓碑にこだわったのでしょう。

写真21 ローマ貴族の墓「ピラミデ」

執政官を務めたガイウス・ケスティウスが、遺言により造らせた墓。なぜエジプトのピラミッドを模《も》したかは不明。のちに建設されたアウレリウスの城壁が、ピラミデを貫通している

ひとつには、ローマという国自体が豊かであり、下層民でも墓碑を造ることができたことです。

しかし、それ以上にローマ人が自分の痕《こん》跡《せき》を残すことに強い意識を持っていたことが大きいと思います。なぜなら、ローマでは、文字がない時代の墓にも、その片鱗《へんりん》が見られるからです。

文字がない時代の墓は普通、その下から骨が出てくる形でしか確認できないものですが、ローマではその頃から、墓石にその人のものである証《あかし》が刻まれていました。

これはギリシアにも見られますが、ローマのほうが圧倒的に多いのです。

しかも、おもしろいことに、墓石の既製品まで見つかっています。それは、一部が空欄《くうらん》になっていて、そこに故人の顔を刻むのです。これが墓石の既製品であることがわかったのは、空欄のままになっている使用前の墓石がまとまって出てきたからです。現代ならありがちなものですが、当時すでに職業として成り立っていたというのがとてもおもしろいと思うのです。

カエサルはローマ教皇だった⁉

先日、ある雑誌からローマ教皇について書いてほしいという依頼が来ました。さて何を書こう、と考えていた時に、おもしろいフレーズを思いつきました。それは、「カエサルはローマ教皇だった」というものです。

ローマ教皇と言うと、ほとんどの人がキリスト教の最高位聖職者の称号と思っているでしょうから、「キリスト教の成立以前に亡くなったカエサルが、何でローマ教皇なんだ⁉」と驚く人が多いのではないか、と思ったのです。

これはウソではありません。カエサルは本当に「ローマ教皇」だったのです。なぜなら、ローマ教皇の正式名称は「ポンティフェクス・マクシムス［Pontifex Maximus］」と言い、直訳すると「大いなる神官《しんかん》」、つまりローマにおける最高司祭を意味する「大神祇官《だいじんぎかん》」のことだからです。

ポンティフェクス・マクシムスは、もともとローマの国家宗教の最高司祭《しさい》のこと。それがコンスタンティヌス帝によってキリスト教が公認され、国教《こっきょう》とされる段階で、ローマの宗教の最高官が、そのままキリスト教の最高職の名称として受け継がれたのです。

カエサルは非常に合理的、かつ現実主義的な人物でした。そんな彼ですら、出世していく段階では、大神祇官になることに強いこだわりを見せています。彼は二七歳の時に神祇官の一人になり、三七歳の時に大神祇官に立候補しています。そして、いよいよその結果が出る日、母親に「今日、あなたの息子は大神祇官職に就くか、亡命者になるか、どちらかです」と告げて、家を出たと言われています。

皇帝と大神祇官《だいじんぎかん》

なぜ、カエサルはここまで大神祇官にこだわったのでしょうか。

「神祇官（ポンティフェクス）」の定員は一〇人、そのなかのトップが大神祇官ですが、これは一度選ばれると基本的には終身です。現在のローマ教皇もそうですが、終身ということは、基本的には前職者が亡くならない限り、その職には就けません。さらに、新たに選ばれる際も、ほとんどの場合、長老クラスの年長者が選ばれます。これらは、はっきりとした規定があるわけではありませんが、暗黙のルールとして踏襲されます。

事実、カエサルの暗殺後、大神祇官の職を継いだのは、若き後継者オクタウィアヌス（アウグストゥス）ではなく、長老のレピドゥスでした。アウグストゥスが大神祇官になったのは、レピドゥスが亡くなってからです。そしてこれ以降、歴代の元首《げんしゅ》が大神祇官の職を兼任するのが慣例になっていきました。

カエサルがこだわり、歴代の皇帝が当然のこととして就任した大神祇官、そこにはどのような意味があったのでしょう。

実は、この問題は、欧米の学会でもそれほど深い論争はなされていません。『ローマ人の物語』の著者である塩野七生さんは、神祇官には公舎（公邸）が与えられるため、カエサルはそれが目的だったという説を採られていましたが、私の説は違います。

私は、この謎を解く鍵《かぎ》は、やはりローマ人の宗教への敬虔さにあると思っています。カエサルは、その意識が特に強かったわけではなく、この職に就くことができれば、ローマ市民の尊敬を勝ち取ることができると考えたのだと思います。

ローマでは「権威をもって統治せよ」と言われてきました。それは、ローマ人は名誉や権威に対する意識が人一倍強かったからです。そして、こうした意識の根本《こんぽん》にあるのが、神々に対する敬虔さです。おそらく、カエサルは、そのことを逸早《いちはや》く感じ取っていたのだと思います。

だからこそ、彼は大神祇官になるため、借金をしてまで賄賂《わいろ》工作にはげみ、〝大博打《おおばくち》〟に打って出ました。そして、見事にこの博打に勝ち、最高権力者に上り詰めるのです。

カエサル以降の大神祇官は、すぐあとのレピドゥスを除けば（彼は、アウグストゥスが若かったためにつなぎとして就いたので例外です）、全員皇帝です。

ただし、「皇帝＝大神祇官」と言っても、これはオリエントの王やエジプトのファラオに見られるような祭政一致《さいせいいっち》や神政《しんせい》政治とは違います。ローマの場合、皇帝が亡くなったあとに神格化されることはあっても、生きているうちから神格化されることはなく、権威としてはオリエントのそれより形式的なものだと言えます。

それでも、ローマの為政者が持つべき権威の核《かく》となるものは、やはり「神々の威光」であり、大神祇官はそれを象徴する役職だったからこそ、カエサルはこだわったのです。

ユダヤ教の特殊性

キリスト教の母体となったユダヤ教は、特殊な宗教です。

古代は、宗教のほとんどが多神教ですが、そのなかで、ユダヤ教は唯一絶対の創造神《そうぞうしん》を信仰する一神教です。現在、一神教の宗教は、ユダヤ教とキリスト教のほかにイスラム教がありますが、イスラム教もその母体となったのはユダヤ教です。

この三つの一神教のなかで、ユダヤ教だけが持つ特徴が、自分たちは神に選ばれた民族であるという「選民《せんみん》思想」です。

一神教のなかで、ユダヤ教だけがなかなか広まらないのは、この選民思想があるからです。選民思想がある以上、唯一絶対神でありながら、救いはユダヤ人にしかもたらされません。そのため、自分たちの教えを他民族に広めようという意識が生まれないのです。

ユダヤ教に選民思想が生まれたのは、おそらく、彼らの「バビロン捕囚《ほしゅう》（紀元前六世紀、新バビロニア王国がユダ王国を滅ぼし、ユダヤ人をバビロンに連行・移住させた事件）」などの経験が影響していると思われます。あまりにも過酷なため、このような境遇にあるのは自分たちが「神に選ばれた特別な存在」だから、と考えることで、そのつらい体験を克《こく》服《ふく》しようとしたのでしょう。

しかし、こうしたストーリーが作られる段階の幾《いく》世代かは良かったのですが、年月が経ち、選民思想を持つに至った心理的背景が希薄《きはく》になるにつれ、ユダヤ教はある意味で堕落《だらく》し、形式化していきました。少なくとも、イエスの目にはそう映ったのだと思います。

だからイエスは、そんなユダヤの人々に対して「われわれには神から命じられていることがあるではないか、そのことを思い出せ」と叫び、ユダヤの人々をあるべき姿に戻し、ユダヤ教を改革しようとしたのだと思われます。

少なくとも、イエスの意識のなかには、新しい宗教を起こそうなどという気持ちはまったくなかったと思います。彼は、あくまでもユダヤ教の改革運動のつもりで、神に対する敬虔な気持ちをもう一度取り戻しましょう、と訴えたのです。自分が「メシア（救世《きゅうせい》主《しゅ》）」であるということも、自分から言っていないのもそのためです。

しかし、そんなイエスの訴えは、ユダヤの人々からは拒絶され、彼の改革運動は失敗し、罪人として処刑されてしまいます。

キリスト教徒は増えなかった⁉

イエスがエルサレムで十字架に掛けられたのは、ティベリウス帝の治世です。十字架に掛けられたイエスが復活したと信じ、彼をメシアだと崇《あが》める人々が現われるのは、それからまもなくのこと。イエスから直接教えを聞いた十二使徒《しと》の一人、ペテロを中心にその集まりは徐々に大きくなり、やがて、そこにパウロが加わります。

キリスト教の初期に、布教に努《つと》めたパウロがローマに来たのは皇帝ネロの治世ですから、その間は約三〇年です。パウロは、ネロのキリスト教迫害で殉職したとされており、私たちはこの間にキリスト教徒が急速に増え、ネロの迫害後、大規模なキリスト教弾圧を

図表5　ローマ帝国におけるキリスト教徒

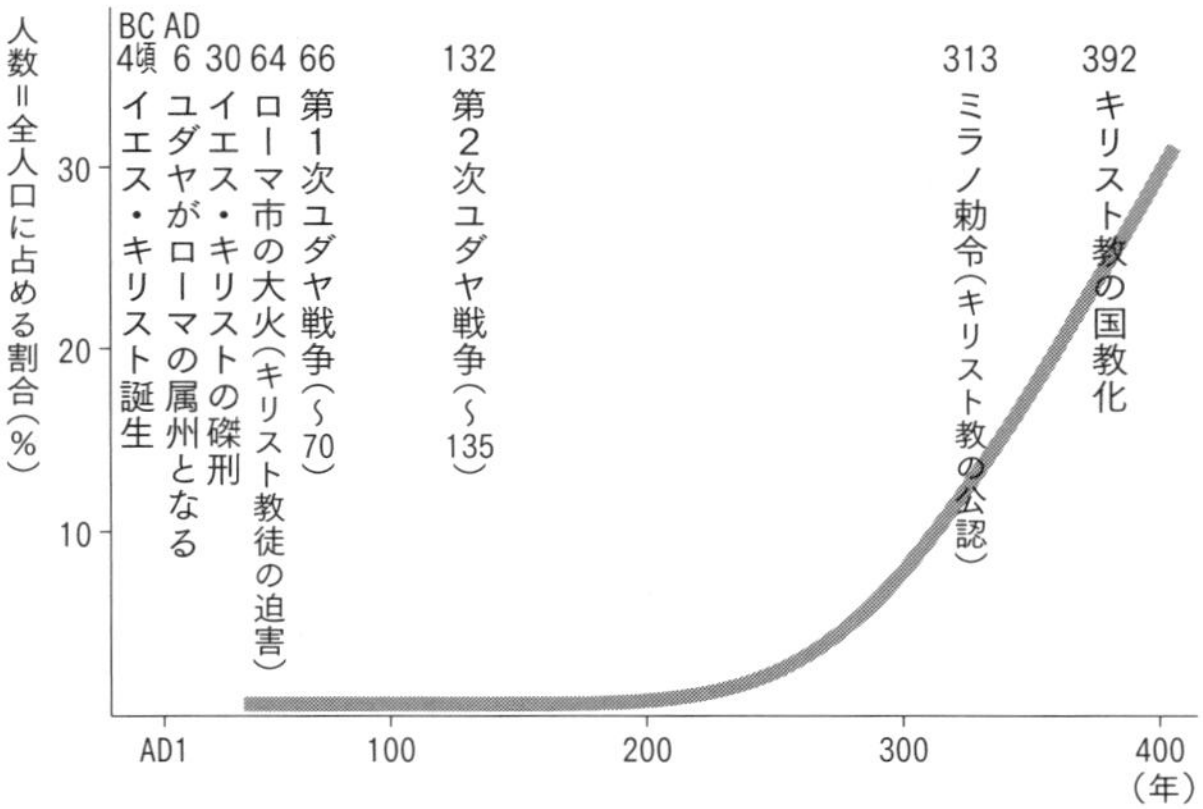

行なうディオクレティアヌス帝（在位二八四〜三〇五年）に至るまで、右肩上がりに増えていったと想像しがちですが、実際にはそうではありません。

　パウロがローマで布教したことで、確かにキリスト教徒は増えましたが、それは微々《びび》たるもので、ローマ帝国全体の人口からすれば、わずか一パーセントにも満たないものでした。その後も、キリスト教徒は顕著に増えてはいません。約二〇〇年間は、この一パーセント弱という状態が三世紀に入るまで続いていたのです（図表5）。

　皇帝ネロによるキリスト教徒の処刑も、ネロの悪行としてあまりにも有名になってしまったため、勢いを伸ばしてきたキリスト教に対する弾圧と思われがちですが、これも違います。ネロがキリスト教徒を処刑したのは、宗教的な理由からではありません。なぜそう言い切れるかというと、彼はキリスト教のことをほとんど知らなかったからです。

では、なぜ処刑したのでしょう。

それは、ネロ自身が犯した罪をなすりつけるのに手頃な存在だったからなのです。ネロは、ローマの市街地にまとまった土地を入手するために(当時、すでに大都会だったローマに空き地などありません)、ローマの街に放火したと言われています。

ところが、しばらくして、事《こと》の真相が明るみに出そうになります。焦《あせ》ったネロは、自分の身を守るために、大火《たいか》の原因をキリスト教徒になすりつけ、彼らを殺してしまうことで真実に蓋《ふた》をしたのかもしれません。

つまり、キリスト教徒は、この段階では、宗教的な理由で処刑されたのではなく、ネロのスケープゴートとして処刑されたのです。

キリスト教徒の弾圧については、彼らが自分たちの信仰する神以外を崇拝することを認めなかったことが、ローマの皇帝崇拝に抵触したことが理由だ、という説がしばしば取り上げられています。しかし、こうした信仰内容が理由で弾圧されるのは、キリスト教徒が爆発的に増える三世紀半ばを過ぎてからの話です。

それまでのキリスト教は、ローマ帝国から、ひとつの宗教勢力として認知されるほどの存在ではなかったのです。

解明されていないキリスト教の謎

キリスト教がその信徒を爆発的に増やし、ローマが帝国全土を挙げてキリスト教徒の迫害に乗り出すのは、三世紀半ばのデキウス帝の治世（二四九～二五一年）です。

ユダヤ教は、さきほども触れましたが、選民思想があるために拡大する必要もなかったし、そのための努力もしていませんでした。そういう意味では、多神教社会のなかで、ユダヤ教というごく小さな一神教がユダヤ人だけの信仰として完結していたのです。

ところが、キリスト教は多神教社会のなかで、さまざまな民族のさまざまな階層に広がっていきました。

しかし、なぜそれが可能だったかは、世界史上の大きなテーマであり、今に至るまで多くの人が興味を持ち、いろいろな説が論じられていますが、いまだに決着がついていないというのが実情です。ですから、私がここで述べるのも、そうしたさまざまな意見のなかのひとつにすぎないということを、先にご了承いただきたいと思います。

さきほど、キリスト教とイスラム教という、現在世界にある二大一神教は、共にユダヤ教をルーツとしていると述べました。ですから、ユダヤ教の聖典は、キリスト教では『旧約聖書』と呼ばれ、イスラム教でも『聖書』として扱われています。その意味では、一神教はいくつもあるようですが、ルーツを辿《たど》るとユダヤ教ただひとつなのです。

これはフロイトなども言っていることですが、人間というのは、多くの神々がいると考えるのが普通です。では、その普通から外れて「唯一絶対の神がいる」と、いつ誰が最初に考えたのか、という疑問が湧《わ》いてきます。

一神教のルーツがユダヤなのだから、それはユダヤ人だろうと思われるでしょうが、違います。実は、最初に唯一絶対神を信仰したのは、ユダヤ人ではなく古代エジプト人なのです。

古代エジプト第十八王朝にアクエンアテン王（＝アメンホテプ四世。在位紀元前一三五三頃〜同一三三六年頃）がいます。彼は、有名なツタンカーメン王の父親に当たる人物ですが、このアクエンアテンこそが、人類史上はじめて唯一絶対神を信仰した人物なのです。

古代エジプトと言うと、多くの神々を祀《まつ》ったことが広く知られており、意外に思われるかもしれません。アクエンアテンは、数多くの神々のなかで、至上の神を求めていった結果、太陽神《たいようしん》アテンこそが、至高にして絶対の存在だという信仰に辿り着いたと考えられています。

事実、彼は、古い信仰と結びつきの強い古都テーベを捨てて、新しくアテン神に捧げる新都アケトアテン（現・エジプトのアマルナ地方）を建設し、遷都までしています。

この新都は現在、テルエルアマルナという遺跡として知られています。私も五年ほど前に訪れたことがありますが、野原のなかに建造物のごく一部が残っているだけのさびしい遺跡ですが、ここから出土した文物《ぶんぶつ》は、抽象的な絵があるかと思うと、逆に非常にリアルな表現の彫像などもあり、エジプト芸術のなかでも特異な表現が見られることから、特に「アマルナ芸術」と呼ばれています。

アクエンアテンの一神教信仰は「アマルナ改革」と呼ばれますが、周囲の人々にも民衆にも受け入れられず、彼の死と共に終わりを告げ、エジプトは再《ふたた》び多神教の国に戻っています。アクエンアテンが改革を実行に移したのは紀元前一三四六年ですから、エジプトが一神教だった期間はわずか一〇年ということになります。

このアクエンアテンの改革から、ユダヤ教の預言者モーセのエジプト出国までの期間は約一五〇年。モーセがユダヤ人を率いてエジプトを出たのは、奴隷にされていたユダヤ人を救い出すためだったとされていますが、本当にそうだったのでしょうか。一神教と関連があるのではないかとも言われていますが、専門家の多くは、現時点では関連を認めていません。

私は専門家ではありませんが、フロイトはこの問題の解明に、自分の全財産を投入してもいいと思うほど強い興味を持っていたと言われています。

世界で最初に一神教を信仰したエジプトから脱出したユダヤの民《たみ》が、やはり一神教社会を作り出し、それがキリスト教とイスラム教という世界を大きく動かす宗教を生み出すことにつながっていくわけですから、これは世界史の大きなテーマのひとつと言えるでしょう。

●一神教のルーツであるユダヤ教は、古代エジプトのアテン信仰と関係があるのか
●モーセはなぜ、ユダヤ人を率いてエジプトを出たのか
●横ばいだったローマのキリスト教徒は、なぜ三世紀後半に急激に増えたのか

どれも世界史上重要なテーマですが、いずれも明確な答えは見つかっていません。その意味では、古代キリスト教を巡る問題は、まだまだわからないことがたくさんあるのです。

キリスト教だけが弾圧された理由

ローマは、国が拡大していくなかで、土着の信仰に対して常に寛容な態度を取ってきました。これは、キリスト教に対しても例外ではなく、ユダヤがローマ帝国の属州になった時も、おまえたちがおまえたちの神を信じるのは自由だ、そこまで私たちは干渉しない、という態度を取っています。

その寛容なローマがキリスト教を弾圧するようになった最大の理由は、キリスト教を信じる人々が、「ほかの神はニセモノだ、信じてはいけない」と主張したからです。

研究者のなかには、ローマ皇帝に対する信仰心とキリスト教の信仰心がバッティングしたことを理由に挙げている方もいます。確かに、そういう部分も無《な》きにしも非《あら》ずですが、ローマはそもそも皇帝に対する信仰を人々に強要していないので、私は、それほど大きな問題ではないと考えています。

実際、ローマはそれぞれの属州民に皇帝を崇拝しろとは、ほとんど言っていません。ローマにおける皇帝崇拝は、上から強要されたものではなく、むしろ下から沸《わ》き上がっていったものです。なぜなら、皇帝崇拝を推進していく母体となった人々のなかには、解放奴隷が多く含まれていたからです。

解放奴隷は自由民ではありますが、市民権を持つことはできませんし、身分が非常に低いので、立派な公職に就くこともできません。そうした解放奴隷の人たちが、世の中に認められようとして行なったのが、「皇帝礼拝（皇帝の神格化および礼拝行為）」だったのです。皇帝の側から強要したものではありません。

ユダヤ教徒やキリスト教徒は、頑《かたく》なに自分たちの信仰を守ります。ユダヤ教のように、信仰を同じくする者だけで固まっているだけなら問題はないのですが、キリスト教は選民思想を手放したことで、民族や身分を超えて広がった反面、異なる信仰を持つ人に対して、「ほかの神を信じてはいけない」「それは本当の神ではない」と言うようになったため、弾圧されたのです。

ローマは帝国支配を進めるなかで、属州の人々の信仰はもちろん、ローマに入ってきた外来の宗教をほとんど無条件で受け入れてきました。しかし、ローマがローマ人以外の人々にも信仰の自由を認めたのは、ローマ人の信仰にも口を出さないでほしいという思いがあったからです。私はあなたの信仰には口を出さないから、あなたも私の信仰については何も言わないでほしい、ということです。

しかし、キリスト教徒は自分たちの信仰を守るだけでは我慢《がまん》できなかったのです。ゆえにキリスト教は弾圧され、また、世界中に広がったのだと思います。

結

――軍人皇帝から、西ローマ帝国の滅亡まで（二三五～四七六年）

Conclusion

祥伝社新書

(7)なぜ、ローマは滅亡したのか?

お金で買えた皇帝の地位

剣闘士皇帝コンモドゥスが暗殺されたあと、帝位に就いたのは老齢の首都長官ペルティナクスでした。彼は正義を愛する人物でしたが、その正義感から改革を急ぎすぎ、わずか三カ月で、反感を買った親衛隊に暗殺されてしまいます。

ここで、空位になった皇帝の座を巡り、驚くべきことが起きます。なんと、帝位がペルティナクスの義父と大資産家ユリアヌスの間で〝競売《きょうばい》〟にかけられたのです。結果は、資産に勝《まさ》るユリアヌスの勝利でした。しかし、彼は軍からも民衆からも支持を得られず、またしてもわずか三カ月で親衛隊に暗殺されてしまいます。

その後、政敵を破って皇帝の座に就いたのがセプティミウス・セウェルスです。彼は属州である北アフリカの出身、かつてローマ人に滅ぼされたカルタゴ人の血を引く人物でし

年表4（235〜1453年）

年代	主な出来事	
235	マクシミヌス帝の即位→軍人皇帝の始まり	三世紀の危機
248	ローマ建国1000年祭	
284	ディオクレティアヌス帝の即位	
293	ディオクレティアヌス帝によるローマ帝国の四分割統治	
313	コンスタンティヌス帝によるミラノ勅令の発布→キリスト教の公認	
324	コンスタンティヌス帝によるローマ帝国の再統一	
330	コンスタンティヌス帝による遷都（ローマからコンスタンティノープルへ）	
337	コンスタンティヌス帝が死去、息子３人による共同統治	
375	西ゴート族がローマ帝国へ侵入→ゲルマン民族の大移動の始まり	
380	テオドシウス帝によるローマ帝国の再統一	
392	テオドシウス帝による異教の禁止→キリスト教の国教化	
395	ローマ帝国が東西分裂、東ローマ帝国と西ローマ帝国に	
413	テオドシウス（二世）の城壁、完成	
452	フン族がイタリアへ侵入	
455	ヴァンダル族がローマ市を占領	
476	ゲルマン人傭兵隊長オドアケルがロムルス・アウグストゥルス帝を廃位→西ローマ帝国の滅亡	
534	ローマ法大全の成立	
1453	オスマン帝国がビザンツ帝国へ侵攻→東ローマ帝国の滅亡	

た。こうした出自《しゅつじ》からか、セウェルスは家柄を無視した大胆な改革を断行します。それまでイタリア出身者に限定されていた親衛隊を解散し、軍隊内の身分差別を取り除きます。この結果、属州出身者でも実力さえあれば高級武官になることができるようになりました。また、軍務経験者でも民政職に就けるようにしたことで、行政組織そのものが軍の色を帯《お》びるようになり、皇帝と軍はますます固い絆《きずな》で結ばれるようになっていきました。

セウェルスは帝位に就く時、自分の二人の息子を共同皇帝として擁立《ようりつ》していました。長男が、カラカラ浴場を造ったことで知られるカラカラ帝、次男はゲタと言いました。二一一年、セウェルスが死ぬと、カラカラ帝は実の弟であるゲタを処刑し、単独の皇帝となります。

カラカラ帝の治世で特記すべき事績は、やはり「アントニヌス勅法」でしょう。これによって、帝国内に住むすべての自由民にローマ市民権が与えられることになったからです。ローマ市民権の特権に注目すれば、自由民への恩恵に思えるかもしれませんが、カラカラ帝が市民権を与えた目的は、相続税や奴隷解放税などローマ市民だけにかけられていた税金の増収でした。

父帝セウェルスは莫大な資産を残しましたが、カラカラ帝は巨大なテルマエを造り、兵士の給与を大幅に増額するなど、お金はいくらあっても足りませんでした。豪快に金をばらまいたカラカラ帝は、民衆と兵士たちの人気は高かったのですが、弟を殺していたために政敵も多く、身を守るための粛清が繰り返されました。そんなカラカラ帝もまた、二九歳の若さで、親衛隊長マクリヌスによって暗殺されてしまいます。

カラカラ帝の死を嘆く振りをして、まんまと次の帝位に上ったのは、暗殺の首謀者マクリヌスでした。しかし、彼が帝位にいられたのはわずか一年、カラカラ帝の落胤《らくいん》を名乗るエラガバルス（写真22）の軍と戦い、敗死しています。

二一八年、エラガバルスは一四歳の若さで皇帝になりますが、彼の治世も四年と短く、またしても親衛隊によって暗殺されてしまいます。実は、彼は特異な性癖の持ち主でした。女装をして人々の前に現われたり、女性と三度も結婚しているにもかかわらず、同性愛を止められないどころか、夜《よ》な夜《よ》な「使いを出して巨根の男を探させた」と伝えられているのですから、常軌《じょうき》を逸《いっ》しています。

このような権威のかけらもない皇帝に、周囲の人々が愛想《あいそ》を尽かすのに四年を要したのは、むしろ長いと言えるのかもしれません。代わって帝位に就いたのが、エラガバルスの従弟《いとこ》アレクサンデル・セウェルスでした。

彼の治世で、ローマはササン朝ペルシアの脅威にさらされますが、何とかこれを撃退、危機を凌《しの》ぎます。しかし、続くゲルマンの侵入に対して、戦わずに報償金による和平工作を行なったため、兵士たちの不興を買い、殺害されてしまいます。

こうして、一九三年のセプティミウス・セウェルスから始まるセウェルス朝は、四三年間に五人の皇帝を擁立するも、セプティミウス・セウェルス以外の四人が暗殺という惨憺《さんたん》たる状態で終わりを告げたのでした。

五〇年間に七〇人の皇帝が交代

セウェルス朝を「惨憺たる状態」と言いましたが、続く、二三五年のマクシミヌス・トラクスの即位から、二八四年のディオクレティアヌス帝の即位までの約五〇年間は、セウェルス朝以上の混迷の時代となります。

なにしろこの五〇年間に、総計七〇人もの皇帝が出現しているのです。これらの皇帝は、そのほとんどが兵士たちによって擁立された軍人だったことから、「軍人皇帝」と呼ばれます。しかも、総計七〇人に及ぶ軍人皇帝のうち、元老院から正統な皇帝と見なされたのはわずか二六人、そのうちの二四人が暗殺または戦死を遂《と》げているのですから、ひどい状態としか言いようがありません。

写真22

〝男漁《おとこあさ》りの皇帝〟エラガバルス

204頃～222年。皇帝セプティミウス・セウェルスの外戚《がいせき》バッシアヌス家に生まれる。宮廷に男を連れてこさせるだけでなく、街娼《がいしよう》になりすまし、男の客をとったという

（カピトリーニ美術館蔵）

共同統治を行なったわけでもないのに、同時に何人もの皇帝が乱立したことに疑問を感じられた方も多いことと思います。

しかも、正統な皇帝とそうではない皇帝がいたというのですか

ら、わかりにくくてもしかたありません。

ここで、ひとつの誤解を解いておきたいのですが、「皇帝」という称号は、後世の人間であるわれわれがローマ史を整理・理解するために勝手につけたもので、正式な官位ではないのです。

私たちが「皇帝」と呼んでいる者は、あくまでも建前上は「第一人者」でしかありません。「インペラトル＝皇帝」と思っている人も少なくないようですが、インペラトルはローマ軍の最高指揮権保持者の称号にすぎません。

ですから、私たちが皇帝と呼ぶ人は、基本的には、元老院を監督する立場の者を意味する「プリンケプス・セナトゥス［Princeps senatus］」、つまり、ローマ市民権を持つ者のなかの第一人者、という立場に相当する人なのです。では、「正統な皇帝」とは何でしょうか。

正統な皇帝とは、元老院が第一人者として認めたということ。実質的には、大衆に第一人者と認められれば、それで力を持つことになりますが、元老院で認められていなければ、公式な意味での第一人者ではない、ということです。

これを、今の日本にたとえてみましょう。日本国憲法では「天皇は、国会の指名に基《もとづ》いて、内閣総理大臣を任命する」と定められています。ですから、天皇の任命式を経て、はじめて正式な内閣総理大臣となるわけですが、ほとんどの日本人は国会で決まりさえすれば、任命式を経たかどうかは気にしていません。おそらく、ローマでも、当時の民衆は元老院が正式に認めたかどうかなど、ほとんど気にしていなかったと思います。

歴史を語る時、元老院が承認していない皇帝は「僭称帝《せんしようてい》」と言い、正式な皇帝と区別しますが、この時代は七〇人もの皇帝のうち、正式な皇帝は二六人しかいません。半分以上が僭称帝という状態だったのです。

元老院に力がある時代ならともかく、軍人皇帝の時代の元老院は、ほとんど力を持っていません。そのため、元老院の承認を受けていないことで問題になることはなく、元老院が「おまえなど承認していないぞ」と文句を言うようなこともなかったのです。

皇帝の暗殺と親衛隊

考えてみると、五賢帝の最後の一人、哲人皇帝マルクス・アウレリウスの死去から、男漁りに熱心だったエラガバルス帝の即位まで、三八年しか経っていません。ということは、マルクス・アウレリウスの治世を二〇歳くらいの時に知っている人々が、五〇代の頃にエラガバルスを見たことになります。実際に両者を見た人々が、そのすさまじいまでの落差に、皇帝の権威の失墜《しっつい》を痛感したであろうことは想像に難《かた》くありません。

セウェルス朝から軍人皇帝の時代にかけて、数多くの皇帝が暗殺されていますが、そのほとんどが、本来は皇帝を守るはずの親衛隊によるものです。見方を変えれば、これは当然の成り行きとも言えます。

この時代ではありませんが、カリグラも親衛隊によって暗殺されています。ドミティアヌスは親衛隊ではありませんが、妻が加担し召使《めしつか》いが手を下しています。コンモドゥスも親衛隊によって暗殺されていますが、これには彼の愛人が加担していたと言われています。つまり、側近中の側近が加担しない限り、最高権力者の暗殺などできない、ということです。

親衛隊による暗殺が圧倒的に多いのは、ひとつには彼らが立場上、武器を携《たずさ》えたまま皇帝の近くにいることができたからです。皇帝の暗殺を企《たくら》む人々からすれば、もっとも利用しやすい立場にあったと言えます。

さらに、側近は、その人物の良いところも悪いところも、直《じか》に見ることができたことも大きな要因のひとつです。身近に接するなかで「この人は皇帝に値《あたい》しない」「とんでもない奴だ」と思えば、それが殺すモチベーションになり得る、ということです。しかし、これは逆も真《しん》なりで、たとえ世間で悪い噂《うわさ》が流れていても、自分が「この人物はすばらしい」と思えば、命がけで守るモチベーションが生まれます。

ちなみに、こうした人間心理を悪用して、あらかじめ洗脳することで、けっして自分を裏切らない親衛隊を作り出したのが、ルーマニアの独裁者ニコライ・チャウシェスクです。

彼は、孤児院の子どもたちから優秀な子どもを選び、一般の人々との接触を断った環境で、洗脳と特殊訓練を施《ほどこ》し「セクリタテア［securitate］」と呼ばれる親衛隊を作り出しました。そして、自分の護衛を彼らで固めたのです。実際、一九八九年に彼の政権が崩壊しても、最後までチャウシェスクに従い、守ったのは彼らセクリタテアだったと言われています。

帝国の分割

軍人皇帝の時代は、ローマが外敵の侵入や属州の反乱に苦しんだ時代です。東ではパルティアがローマの領土を狙い、北からはゲルマン人が侵入し、ガリアなど属州では次々と反乱が起きていました。軍人皇帝がこれらに対抗したものの、ローマ帝国がかつての力を失いつつあるのは明らかでした。

七〇人もの皇帝が乱立するという混乱を極めたのも、皇帝がこれまでのように貴族・市民層の支持によって擁立されるのではなく、ローマ軍の、しかも軍団という局地的な軍事力を背景としたクーデターに近い形で、擁立されたからです。

しかし、その混迷も二八四年、ディオクレティアヌスが皇帝になると、ようやく落ち着きを取り戻します。ディオクレティアヌスは、一兵卒から成り上がった軍人ですが、特筆すべきは、彼がただの叩《たた》き上《あ》げではなく、解放奴隷の子どもだったことです。

それまでの軍人皇帝と同じように、彼もまた軍に推《お》されて皇帝になりましたが、広大な帝国を自分一人で治めるのは無理と判断した彼は、軍の同僚だったマクシミアヌスを共同皇帝に指名し、安定を図りました。

図表6　ディオクレティアヌス帝の四分割統治

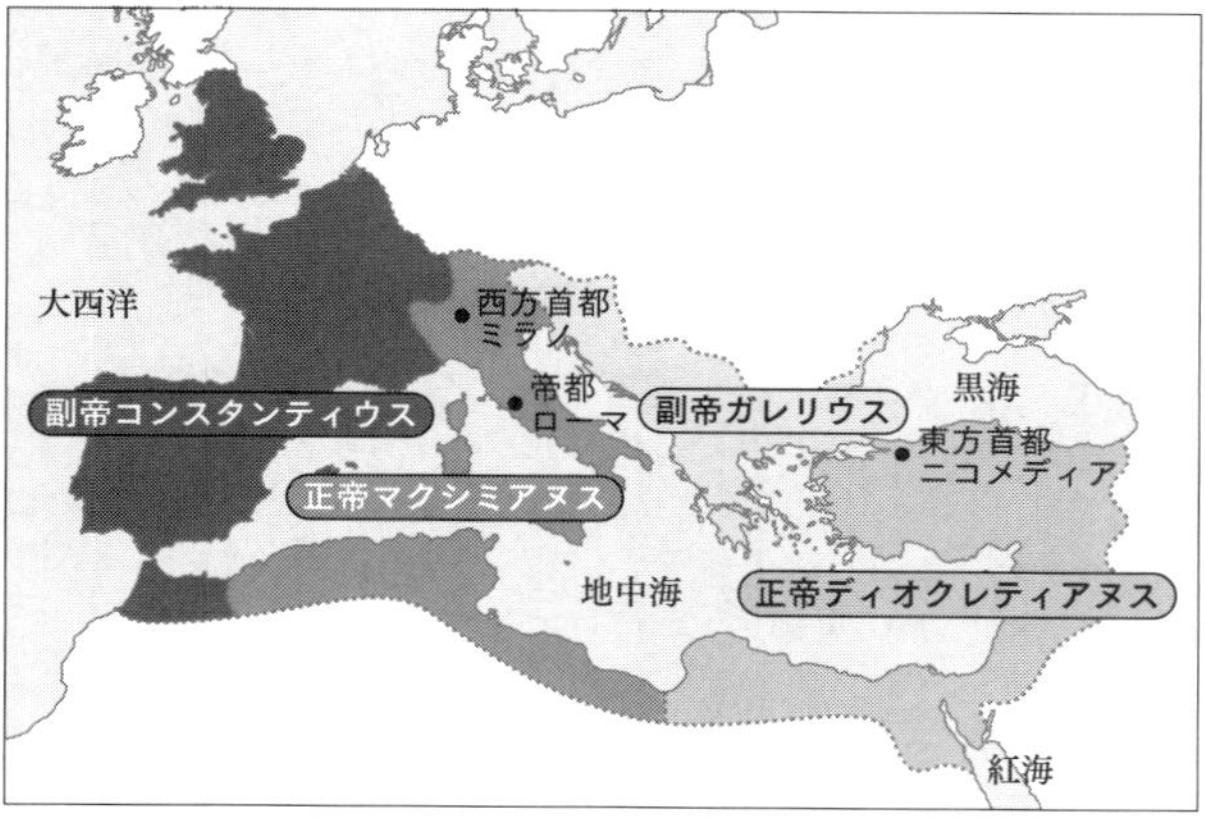

これまでにも、共同統治を行なう皇帝は何人もいました。ディオクレティアヌスが秀《ひい》でていたのは、単なる共同統治ではなく、帝国を東西ふたつに分割して東を自分が、西をマクシミアヌスに任せ、それぞれが東西の正帝《せいてい》となり、さらに、それぞれに副帝《ふくてい》を立てることで、事実上帝国を四分割統治したことでした（図表6）。

結果的に、この四分割統治が成功し、外敵の侵入は抑《おさ》えられ、帝国は安定に向かいました。しかし、逼迫《ひっぱく》した財政を立て直すために行なった税制改革は失敗、国内を完全に安定させるには至りませんでした。

ディオクレティアヌス帝は、かつての

「権威をもって統治する」ローマの復活を目指したのでしょう。その治世の末期になると、伝統的宗教の復興を目指し、ローマ古来の神々への礼拝を義務づけ、違反する者には罰を与えるようになり、結果的にこれがキリスト教の大弾圧につながっていきました。

しかし、ローマの神々への礼拝は、キリスト教弾圧が目的で始められたことではありません。あくまでも三世紀の混乱のなかで、帝国各地にさまざまな辺境出身者があふれかえり、公共の場でローマ人としての教養や習慣をわきまえない行為が横行している現状を嘆いてのことだったのです。

つまり、ローマの秩序を、ローマ市民を「敬虔なるローマ人」に戻すことで取り戻そうとしたのです。それが、キリスト教の弾圧につながったのは、キリスト教徒がローマの神々を礼拝することを頑《かたく》なに拒《こば》んだからです。

その結果はともかく、ローマの復権を目指してさまざまな改革に取り組んだディオクレティアヌス帝は三〇五年、アドリア海沿岸のサロナで、西の正帝マクシミアヌスと同時に自ら皇帝の座を退《しりぞ》きます。

ディオクレティアヌスの退位は、再びローマの政局を混乱させ、国内各地で内乱が勃発《ぼっぱつ》します。その内乱を治め、再びローマを統一するのが、マクシミアヌスの跡《あと》を継いだ西の正帝コンスタンティウスの息子・コンスタンティヌスでした。

ローマの金貨とアメリカのドル

三三〇年、コンスタンティヌス帝は、首都をローマからディオクレティアヌス帝が治めていた東方の首都ニコメディア（現・トルコの都市イズミット）の北西にあるビザンティオンに遷都《せんと》し、コンスタンティノポリス（現・トルコの都市イスタンブール）と改称しました。

コンスタンティヌス帝が行なった政策のなかで、特筆すべきことは通貨改革です。

皇帝が軍事力を頼りにしたことで、兵士の給料の増大を招き、ローマは財政難になります。皇帝は、銀貨の改鋳《かいちゅう》（銀の含有量を減らす）によって、やり繰《く》りしましたが、当然のことながら通貨価値は下落し、物価が高騰《こうとう》する――インフレになります。そして、さらなる改鋳を繰り返すこと、含有量の異なる通貨が流通することで、経済は大混乱に陥ったのです。

そこで、コンスタンティヌスは明確な通貨制度の確立を断行します。まず、重量一ローマ・ポンドから七二枚の金貨を作り、その金貨を「ソリドゥス［solidus］」と命名しました。一枚のソリドゥス金貨（写真23）の金含有量は四・四八グラムあり、きわめて純度の高いものでした。さらに、銀含有量二・二四グラムの銀貨を発行し、この銀貨二四枚でソリドゥス金貨一枚に相当する交換比率も定めたのです。

この純度が高いソリドゥス金貨は歓迎され、信用力を持ちました。国内経済は安定し、国際交易においても使用され、ソリドゥス金貨は「国際通貨」となったのです。世界初の「基軸通貨」と言ってよいでしょう。

この含有量と交換比率は、その後七〇〇年にわたり維持されます。今日《こんにち》、アメリカのドルの貨幣記号$は、このソリドゥス金貨に倣《なら》うべくSとされたのです。

人類史を変えた、キリスト教公認

三一三年、コンスタンティヌスは国内の安定を図るため、大きな勝負に出ます。弾圧しても迫害しても、絶えることのないキリスト教を公認したのです。

「キリスト者に対しても万人に対しても、各人が欲した宗教に従う自由な権能を与える」

――ミラノ勅令

なぜ、彼はキリスト教公認を決意したのでしょう。伝承によれば、ローマ進軍中に天に輝く十字架と共に「汝《なんじ》、これにて勝て」という文字が現われたのを、兵士たちと共に見たことがきっかけになったと伝えられています。

ミラノ勅令は、あくまでもキリスト教の「公認」であって、この時点ではまだ「国教化」したわけではありません。

それでも、歴史学者ポール・ヴェーヌは『「私たちの世界」がキリスト教になった時――コンスタンティヌスという男』のなか

写真23 ソリドゥス金貨

コンスタンティヌス帝が描かれたソリドゥス金貨。700年間、国際通貨として機能した

で、キリスト教の布教を決定的なものとしたのは、コンスタンティヌス帝によるキリスト教の公認である、と述べています。

キリスト教がローマの国教となるのは三九二年、テオドシウス帝の時ですから、コンスタンティヌス帝のキリスト教公認から約八〇年の歳月が流れていることになります。ローマの態度も必ずしも一貫しておらず、庇護《ひご》を廃止し、キリスト教を弾圧したユリアヌスのような皇帝も出ています。

つまり、この公認から国教化までの間というのは、キリスト教徒になった皇帝もいれば、キリスト教徒にならなかった皇帝もいる。そして、ユリアヌスのようにむしろ攻撃的な立場を取った皇帝もいたということです。

しかし、こうした紆余《うよ》曲折《きよくせつ》がありながらも、最終的にキリスト教がローマ帝国全域に広がることができたのは、ミラノ勅令の時のコンスタンティヌス帝の断固《だんこ》たる決意があったから、というのがポール・ヴェーヌの主張です。さらに彼は、ロシア革命を引き合いに出し、これがいかに大きな意味を持っているのかも熱く語っています。

「ロシア革命はレーニンとトロツキーが協力したことによって成功しましたが、そのあとは、みなさんもご承知の通り、わずか七〇年で崩壊しています。この敗因は、すぐれた跡《あと》継《つ》ぎを育てることができなかったことです。それに比べキリスト教は、八〇年間の紆余曲折を乗り越えて普及していきます。これだけでも、資本主義社会のなかに社会主義社会ができたことと同じくらい大きな出来事と言えますが、キリスト教はさらに後継者の育成にも成功しています。ロシア革命と比べて、いかにすごいことかおわかりいただけるでしょう」というのです。

ですから、一般的には、「三世紀の危機」と言われる混乱のなかで、キリスト教が人々の心をつかみ、一気に増えたと言われていますが、ポール・ヴェーヌに言わせれば、それが基盤となったことは確かだが、キリスト教の普及を軌道に乗せた最大の功労者は、あの時期にキリスト教を公認したコンスタンティヌス帝である、ということになるのです。

コンスタンティヌス帝は、三三七年に六五歳でこの世を去りますが、死に臨《のぞ》んでキリスト教の洗礼を受けたと言われています。真実かどうかはわかりませんが、そう伝えられるほど、彼の「キリスト教公認」が、キリスト教の歴史において大きな意味を持っているのです。

ローマ帝国、滅亡の日

コンスタンティヌスの死後、彼の跡《あと》を継いだ三人の息子たちによって、帝国は再び分割統治されます。しかし、それもつかのま、兄弟どうしで内乱になります。そして、次々と後継者が命を落とし、帝国は再び東西に分裂します。それを再統一し、ローマ帝国最後の単独帝となったのが、キリスト教を国教化したテオドシウスでした。

テオドシウスが帝位に就いたのは三七九年、東ローマの皇帝としてです。彼は軍人として頭角《とうかく》を現わした人物ですが、政治にもすぐれ、各地の反乱を鎮《しず》め、その簒奪《さんだつ》した政権を吸収しながら、自らの勢力範囲を広げ、わずか一年で東西に分裂していたローマを再統一しました。

また、彼は敬虔なキリスト教信者で、キリスト教の擁護《ようご》に熱意を注ぎ、ついに三九二年、キリスト教以外のすべての神々の祭儀を禁止します。これにより、ローマは事実上キリスト教を国教としたことになります。ローマ古来の多くの神々を祀《まつ》った神殿は閉鎖され、元老院議事堂の前にあった勝利の女神像さえも撤去されました。

キリスト教がローマの国教になってから三年後の三九五年、まだ五〇歳にも満たなかったテオドシウスはミラノで亡くなります。テオドシウスの死によって、ローマが二人の息子によって分割統治されると、再び統一されることはありませんでした。テオドシウスの二人の息子は、兄アルカディウスが東ローマを、弟ホノリウスが西ローマをそれぞれ治めることになりますが、その後、東西ローマの明暗はくっきりと分かれていきます。

先に命運が尽きたのは西ローマ帝国でした。西ローマ帝国は、外敵との戦争や異民族の侵入、さらにはクーデターの頻発《ひんぱつ》と落ち着く暇《ひま》もないまま四七六年九月四日、ゲルマン人の傭兵《ようへい》隊長オドアケルが、幼帝ロムルス・アウグストゥルスを廃位に追い込み、滅亡しました（写真24）。

ロムルス・アウグストゥルスは、オドアケルに退位させられたあと、ナポリの沿岸でひっそりと暮らしたことまではわかっていますが、いつ、どのような形で亡くなったのかなど、くわしいことは何もわかっていません。彼の死んだ日すら、記録に残っていないのです。

このロムルス・アウグストゥルスは、奇《く》しくもローマの創設者ロムルスと、初代皇帝アウグストゥスを合わせた何とも皮肉な名前です。ロムルスに始まりロムルスに終わった、ローマのあまりにもさびしい最期《さいご》です。

いっぽう、東ローマ帝国は、テオドシウスの治世にすでにコンスタンティノポリスに宮廷を置いていました。そして、テオドシウスの孫であるテオドシウス二世が建設した、市街地をぐるりと取り囲む巨大な「テオドシウスの城壁」に守られ、十五世紀にオスマン帝国が侵攻してくるまで、ビザンツ帝国としてその命脈《めいみやく》を保ちます。しかし、それはもはや「ローマ」と言える国ではありませんでした。

ですから、「ローマはいつ滅びたのか」と問われれば、私はやはり西ローマ帝国が滅びた時なのだと思います。

理由① 異民族の侵入

ローマはなぜ、滅びたのでしょう。

これは、簡単に答えられる問題ではありません。「ローマは一日にしてならず」という言葉がありますが、滅びる時も一日にして滅んだわけではないからです。さまざまな要因があり、それらが連鎖反応して、さらに別の出来事を引き起こしてローマの体力を奪って

写真24 降伏する最後のローマ皇帝

ゲルマン人傭兵隊長オドアケル(馬上の人物)に、降伏の意《い》を示すロムルス・アウグストゥルス帝(王冠を取り、左手を胸に当てた人物)

いったというのが真実です。

ですから、ローマが滅亡した原因をあえて一言で言うなら、「国力の低下」としか言いようがないと思います。世界史におけるローマ帝国の滅亡は、ものすごく大きなテーマです。それを、私一人でどこまで答えられるかわかりませんが、ローマの国力を奪った要因ということであれば、いくつか具体的に挙げることができます。

そのひとつは、異民族の侵入です。ローマ帝国の末期、ローマは異民族の侵入に苦しみますが、実は、異民族の侵入はこの時に始まったものではありません。昔から、異民族は常にローマを狙い、隙《すき》あるごとに侵入していたのです。それが帝国末期に大問題に発展したのは、異民族の数が多かったこともあるのですが、それ以上に大きいのは、ローマにそれを撥《は》ね除《の》けるだけの力が失われていたことです。

四世紀、フン族がゲルマン民族に圧力をかけたために、行き場を失ったゲルマン民族が大挙してローマに入り込んできましたが、もしもこれがパクス・ロマーナの時、つまりローマが非常に強い時だったら、おそらく、国境で撃退していたと私は思います。

また、「侵入」と言っても、最初の段階は武力で入ってきたわけではありません。

今でも内紛などが起こると、その国から難民が流入してくることがありますが、古代ローマで起きていたのも、似たようなことでした。ローマ人を襲うとか悪さをするということではありません。しかし、そのままにしておいたのでは国内が混乱し、収拾がつかなくなるので、単に「自分たちの国へ帰れ」と追い返そうとした、ということなのです。

ゲルマン民族の侵入と言うと、多くの人は、いきなり異民族が武力で攻めてきたようなイメージを持つかもしれませんが、そうではありません。もちろん、国境付近では、小競《こぜ》り合《あ》いのようなものはたくさんあったと思いますが、ゲルマン人が軍隊として攻めてきたわけではないのです。

ローマは、当時としては豊かな大国です。しかも、異民族に寛容で差別もなく、信仰の自由も認められていたのですから、自国に問題が起きた時に、ローマを目指そうとする人が大勢いたであろうことは容易に想像がつきます。

「あそこへ行けば飯《メシ》が食えるぞ」というのは、いつの時代にもあることです。ましてや、今のように入国審査があるわけではありません。ひとつの家族や小さな集団であれば、入ってきてもわかりません。そういう意味では、異民族の侵入は、ずっと以前から、共和政の時代にも、パクス・ロマーナの時代にもあったことなのです。

帝政末期、異民族の侵入が問題になるのは、ひとつには一気に大量の異民族がローマを目指したこと、もうひとつはその頃のローマにそれを追い返すだけの力がなかっただけのことなのです。

ちなみに、「一気に大量」とは、はっきりした記録がなく、わからないのですが、少なくとも何十万人という単位だと思います。

理由② インフラの老朽化《ろうきゅう》

ローマ滅亡の原因は国力の低下だ、と先述しました。では、「国力」とは具体的に何を意味するのでしょう。もっとも大きいのは、今も昔も「経済力」です。そして、それがもっとも具体的な形で表われるのが、「インフラの老朽化」です。

日本でも現在、前回の東京オリンピック（一九六四年）の時に造ったインフラが老朽化し、さまざまな問題が起きています。しかし、インフラは、問題が起きてもすぐに新しく造り替えることはできないのが現実です。なぜなら、ひとつには莫大な費用がかかるから。もうひとつは、今動いているインフラを止めるわけにはいかないから、です。

日本は、わずか五〇年でこうした問題に直面しているわけですが、ローマの場合は、アッピア街道にしてもアッピア水道にしても、できあがってから五〇〇年以上経っています。道路は、まだ地表を走っているのでいいのですが、上下水道、特に上水道の修理は大変です。

もちろん、ローマもこの五〇〇年間放っておいたわけではありません。途中で何度も修復していますが、インフラ設備は根本的な部分が老朽化していくことがあり、新しく造り

写真25　水道橋「ポン・デュ・ガール」

紀元前19年頃、ガリア総督アグリッパによりガール川に架《か》けられた。長さ275メートル、高さ49メートル、3層のアーチ式構造

直さなければどうにもならないものがあります。しかも、新しく造ると言ってもすぐにできるものではありません。アッピア街道も、アッピア水道も、完成までには長い年月がかかっています。

当時のローマには、ローマの街だけで一〇本以上の水道があり、そのほかに各属州にも多くの水道がありました。

たとえば、今もフランスに残る水道橋ポン・デュ・ガール（写真25）は、ネマウスス（現・フランスの都市ニーム）に水を供給するためにローマ時代に造られたものです。

これらは、帝国が版図を広げていった

豊かな時代に造られているので、多くがほぼ同時期に造られています。そのため、老朽化という問題も属州各地から一気にローマに押し寄せることになりました。

現在は、インフラを造る時に、メンテナンスの費用に毎年いくらかかるか、何年経ったら塗装をやり直さなければならないか、など計画的に考えて、きちんと予算も組んでから、インフラ整備が進められています。しかし、当時のローマにはそうしたものはありません。そもそも、予算という考え方すら、あったかどうか疑問です。

さらに、今のように国家予算で造っているわけではありません。富裕層が私財で造ったり、市民が寄付を募《つの》って造ったりしているので、国家がインフラに責任を持つという意識も希薄でした。

富裕層の立場からすれば、新しいものを造る時には、自分の名前がついたり、記念碑が建てられたりと、自分の行為をアピールできますが、修復ではお金がかかるわりに誰も賞賛してくれません。出資に見合った名誉が得られないことにも、問題の種はあったと思います。その結果、富裕層は、積極的にインフラの補修はしていません。もちろん、富裕層に、それだけの財政的余裕があったかどうかも根本的問題としてあります。

このように、さまざまな理由で、帝政末期のローマはインフラの整備、インフラの維持が限界に来ており、それがローマの体力を著《いちじる》しく奪っていたのです。

理由③ イタリアの凋落《ちょうらく》

経済的理由として、もうひとつ「軍事費」の問題があります。これはローマに限ったことではなく、十八世紀までの国家はどこでもそうですが、国家予算の三分の二は軍事予算に費やされるのが当たり前でした。

ローマでは、国家予算の約七割が軍事費に使われていました。それでも、帝国政府を維持できたのは、中央から派遣する官僚を極力少なくし、その官僚の個人的な人間関係や現地の名士が国家運営に関わる公職に就くことを「名誉」としてボランティアで行なったり、貴族がパトロヌスとクリエンテスの関係にもとづき財産を投じて平民を協力させたりすることで、小さな政府を成立させていたからです。

この方法は、帝国が発展あるいは安定している時はいいのですが、ある程度現地の裁量を認めなければならず、政局が不安定な時には問題につながる危険性がありました。

事実、三世紀に軍人皇帝が乱立するという危機を経験したローマ政府には、中央からの統制力をもっと強化しなければいけないという教訓が生まれます。そして、軍隊を約二倍に増やしたローマは、さらなる軍事費の増大に財政が逼迫《ひっぱく》することになります。

国家の収入が不足すれば、徴税システムが見直され、増税されるのが自然の流れです。ところが、重税が課せられるようになると、これもどこの世界でも見られることですが、富裕層があの手この手を使って税を逃れるようになり、貧しい者の負担ばかりが増え、いっこうに税収が上がらない負《ふ》のスパイラルに陥《おちい》ります。

さらに、国内が不安定になると、軍事費だけでなく、官僚制そのものを帝国の統制下に置き、中央に権力を集める必要が出てくるため、そこでも相当な予算が必要になってきます。

また、最近の経済学者によれば、ローマのような奴隷制社会では、かなりきつい労働でも奴隷にやらせるので、もっと楽にできる方法はないか、もっと効率が良くならないかといった改良や工夫、新たな道具の発明が起きにくくなる、と言います。確かにその通りですが、これは歴史学者にはなかなか気がつかない視点です。

奴隷がいない今の社会では、工夫や改良が自分たちの仕事の効率に直結するため、日々改良の努力がなされます。古代においては、そういうインセンティブが働かなかったということは、とても重要な指摘です。

ですから、ローマ帝国の滅亡と言いますが、これはある意味、イタリアの凋落《ちょうらく》なのです。ローマ帝国の中心であったイタリアが、中心部としての力を失っていく。それを象徴しているのが、衰亡の前にコンスタンティヌス帝が行なったコンスタンティノポリスへの遷都《せんと》です。

当時、皇帝は軍人皇帝として各地を転戦しており、都が移っても皇帝がすぐにそこに住むわけではありません。そういう意味では、ミラノも帝都になっているし、ラヴェンナも、ニコメディアなどもそうです。皇帝は、自分の好きな場所にいればよかったのです。三世紀末にディオクレティアヌス帝が四分割制を敷きますが、当然ながら帝国内に四人の皇帝それぞれの帝都が生まれています。それどころか、同じ皇帝でも、自分の移動に合わせて帝都を何度も移動させている例もあるのです。

そうなると、もはやローマ市を中心とした、かつてのローマ帝国ではありません。ローマが、あるいはイタリア半島が中心ではなくなったということが、すでにローマ帝国の滅亡の始まりなのです。

ローマの滅亡は〝老衰《ろうすい》〟である

ローマ帝国の滅亡は、世界史のなかで「古代の終わり」を意味します。それは、ローマが長く続いた帝国だったからこそ、古代の終わりまで存在し得た、とも言えます。

また、①その後発展するイスラム世界がローマ以前のオリエント世界であること、②ギリシア正教《せいきょう》の世界がギリシアの文化圏だったこと、③カトリック世界、近代におけるプロテスタント世界が、ラテン・ゲルマン・アングロサクソンといった、もともとローマ帝国が呑《の》み込む前の世界であること――この三点を考察すると、「ローマに吸収された世界が復活した」とも言えます。

ローマ帝国の滅亡は、国家が滅亡する前に、中心部だったイタリアが凋落するということから始まり、帝国内のさまざまな場所に、それに代わる都ができ、やがて帝国が分割され、最終的には三～四つの文化圏に分かれていく、という様相を呈《てい》していきます。

ですから、ローマ帝国の滅亡というのは、世界史上非常に大きなテーマだと言われますが、その時代に生きていた人々にとっては、それほどドラマチックなものではなかったのではないかと、私は思っています。

ローマは、かつてのカルタゴの滅亡のように、一挙に破壊されたわけではありません。ローマ帝国はすこしずつ、すこしずつ、国の形を変えながら衰退していったのです。こうしたゆるやかな変化は、そこに住む人々にとっては、大きなものとして捉《とら》えられなかったでしょう。

世界史の学界でも、ここ三〇年ほどは、ローマが衰退し、滅亡を経て、新しい文明が隆起《りゅうき》してくる、三世紀から八世紀にかけての時代を、西にキリスト教（カトリックとギリシア正教）が生まれ、東にイスラム教が誕生するという、新しい文化ができてくる時代として、大きく捉えようという考え方が生まれています。

つまり、従来のように、古代や中世という時代区分に、きっちり振り分けるのではなく、「新しい価値観を生み出してきた時代」として捉えようという動きが出てきているのです。これによって、今までの没落論争、具体的に言えば、中世と古代はどこで断絶したのか、という議論をもう終わりにしようということです。

残念ながら、こうした捉え方は、まだ教科書に反映されていませんが、学界では明らかに流れは変わってきています。

この時代を「ローマ帝国の滅亡」「古代の終わり」というネガティブな没落論で捉えるのではなく、「新しい時代の始まり」「新しい価値観の誕生」という人々が新しい文化を作り上げていく、非常にクリエイティブな時代としてポジティブに捉えれば、これまで見えなかったものが見えてくるような気がします。

実際、当時生きていた人々は、自分たちの生きている時代をけっしてネガティブな思いで受け止めていたわけではないと思います。確かに、ローマ帝国という過去の栄光が失われるさびしさはあったかもしれません。

しかし、たとえば、それは明治時代に古き良き江戸時代を懐《なつ》かしむようなもので、実際の明治人は、新しい文化や自分たちが生み出しつつある新しい価値観に、大きな期待を持ってポジティブに生きていました。ローマの人々も同じだったのではないでしょうか。

そういう意味では、ローマ帝国の滅亡は偉大な老人の死であり、その死に方も戦死や病死ではなく、ごく自然な形での〝老衰〟だった、と言えます。

そんな理想的な死を迎えた老人の傍《そば》には、希望に満ちた若者が佇《たたず》んでいます。これまで、老人にしか目を向けていなかった私たちも、そろそろ、希望に満ちた若者に目を向ける時が来ているのではないでしょうか。

写真提供　アマナ・イメージズ(16)
時事通信フォト(4左、5、6、9、14、15下、18、23、25)
ＰＰＳ通信社(4右、8、10、11、13、15上、20、24)
著者(1、2、3、7、12、17、21、22)
図表作成　篠 宏行
本文デザイン　盛川和洋
編集協力　板垣晴己

切りとり線

★読者のみなさまにお願い

この本をお読みになって、どんな感想をお持ちでしょうか。祥伝社のホームページから書評をお送りいただけたら、ありがたく存じます。今後の企画の参考にさせていただきます。また、次ページの原稿用紙を切り取り、左記まで郵送していただいても結構です。

お寄せいただいた書評は、ご了解のうえ新聞・雑誌などを通じて紹介させていただくこともあります。採用の場合は、特製図書カードを差しあげます。

なお、ご記入いただいたお名前、ご住所、ご連絡先等は、書評紹介の事前了解、謝礼のお届け以外の目的で利用することはありません。また、それらの情報を6カ月を越えて保管することもありません。

〒101-8701（お手紙は郵便番号だけで届きます）
祥伝社新書編集部
電話03（3265）2310
祥伝社ホームページ　http://www.shodensha.co.jp/bookreview/

★本書の購買動機（新聞名か雑誌名、あるいは○をつけてください）

＿＿＿＿新聞の広告を見て	＿＿＿＿誌の広告を見て	＿＿＿＿新聞の書評を見て	＿＿＿＿誌の書評を見て	書店で見かけて	知人のすすめで

★100字書評……はじめて読む人のローマ史1200年

名前

住所

年齢

職業

本村凌二　もとむら・りょうじ

早稲田大学国際教養学部特任教授、東京大学名誉教授。博士(文学)。1947年、熊本県生まれ。1973年一橋大学社会学部卒業、1980年東京大学大学院人文科学研究科博士課程単位取得退学。東京大学教養学部教授、同大学院総合文化研究科教授を経て、現職。専門は古代ローマ史。『薄闇のローマ世界』でサントリー学芸賞、『馬の世界史』でＪＲＡ賞馬事文化賞、一連の業績にて地中海学会賞を受賞。著作に『多神教と一神教』『地中海世界とローマ帝国』など。

はじめて読《よ》む人《ひと》のローマ史《し》1200年《ねん》

本村凌二《もとむらりようじ》

2014年 6 月10日　初版第 1 刷発行
2017年 2 月28日　　第 4 刷発行

発行者……………辻 浩明
発行所……………祥伝社しょうでんしゃ
〒101-8701　東京都千代田区神田神保町3-3
電話　03(3265)2081(販売部)
電話　03(3265)2310(編集部)
電話　03(3265)3622(業務部)
ホームページ　http://www.shodensha.co.jp/

装丁者……………盛川和洋
印刷所……………萩原印刷
製本所……………ナショナル製本

Printed in Japan ISBN978-4-396-11366-7 C0222